中国食品行业追溯体系发展报告

（2022—2023）

组　编　中国副食流通协会食品安全与信息追溯分会
　　　　国家农产品现代物流工程技术研究中心

主　编　何继红

副主编　刘　谊　高海伟　斯家华　张长峰　于怀智

中国商业出版社

图书在版编目（CIP）数据

中国食品行业追溯体系发展报告.2022-2023／中国
副食流通协会食品安全与信息追溯分会，国家农产品现代
物流工程技术研究中心组编；何继红主编. -- 北京：
中国商业出版社，2023.11
　　ISBN 978-7-5208-2640-2

　　Ⅰ.①中… Ⅱ.①中… ②国… ③何… Ⅲ.①食品行
业-发展-研究报告-中国-2022-2023 Ⅳ.
①F426.82

中国国家版本馆 CIP 数据核字（2023）第 182856 号

责任编辑：袁　娜

中国商业出版社出版发行
（www.zgsycb.com　100053　北京广安门内报国寺 1 号）
总编室：010-63180647　编辑室：010-83118925
发行部：010-83120835/8286
新华书店经销
三河市天润建兴印务有限公司印刷
*
787 毫米×1092 毫米　16 开　14.25 印张　310 千字
2023 年 11 月第 1 版　2023 年 11 月第 1 次印刷
定价：150.00 元
* * * *
（如有印装质量问题可更换）

中国食品行业追溯体系发展报告
（2021—2022）
编委会

主任委员：

丁俊发　中国物流与采购联合会原常务副会长，商务部现代供应链专家委员会成员、研究员

副主任委员：

何继红　中国副食流通协会会长

方德英　北京信息科技大学副校长

左　敏　北京工商大学副校长

王国利　国家农产品现代物流工程技术研究中心高级顾问

张建军　中国国际电子商务中心数字商务研究部（研究院）副院长

李锦松　泸州老窖集团有限责任公司总工程师

编委委员（按姓名首字母排序）：

陈　梅　内蒙古师范大学教授

陈　鹏　深圳市中选科技有限公司销售总监

程　烨　量子云码（福建）科技有限公司董事长兼技术发明人

董军芳　中国副食流通协会副会长

范金刚　北京万里红科技有限公司数据安全产品中心总经理

高　昂　中国标准化技术研究院博士、副研究员

高　波　中国常驻世界贸易组织代表团二秘、博士

高海伟　北京交通大学机械与电子控制工程学院

郭炳晖　北京航空航天大学数学信息与行为教育部重点实验室副主任

郭风军　山东省农产品贮运保鲜技术重点实验室副主任

郭　琨　北京数码通科技有限公司产品项目主管

洪　岚　北京物资学院教授

黄宝生　国家农产品现代物流工程技术研究中心科技研发部副部长

霍寿鹏　中国国际电子商务中心高级咨询师

姜同强　北京工商大学教授

兰　闽　中国副食流通协会会长助理、会员部部长

李　峰　市场监督管理总局信息中心处长

刘　利　重庆科技学院资产与后勤管理处

刘　谊　华北电力大学经济与管理学院副教授，企业管理与信息化研究所副所长

罗淳元　四川省虎虾网络科技有限公司销售总监

吕广宙　中国国际电子商务中心高级分析师

宁焕生　北京科技大学教授

斯家华　中国副食流通协会食品安全与信息追溯分会常务副会长

仝其根　北京农学院食品科学与工程学院教授

王　辉　北京中物联物流规划研究院副院长、博士后

晏庆华　中国物流与采购联合会网络事业部主任

杨信廷　农产品质量安全追溯技术及应用国家工程研究中心研究员

杨云勇　云上贵州大数据产业发展有限公司总经理

于怀智　国家农产品现代物流工程技术研究中心科技发展部副部长

占锦川　上海农业信息有限公司董事长

战文彬　内蒙古师范大学招生就业处副处长

张　辉　北京慧而行专利代理事务所（普通合伙）创始合伙人

张长峰　国家农产品现代物流工程技术研究中心科技研发部部长

朱大洲　农业农村部食物与营养发展研究所研究员

朱德国　上海财治食品有限公司 IT 项目经理

禚连春　北京维赛思咨询有限公司 CEO

邹祖亿　广州中科易德科技有限公司市场总监

其他编写人员（按姓名首字母排序）：

陈思源　李晓璇　李榛晔　刘丹飞　刘非凡　蒲玉梅　张会超　赵红梅

序

  2022 年 9 月 22 日，国务院食品安全委员会、市场监管总局分别印发《关于建立健全分层分级精准防控末端发力终端见效工作机制 推动食品安全属地管理责任落地落实的意见》和《企业落实食品安全主体责任监督管理规定》，分别对食品安全属地管理责任和企业主体责任作出新规定。按照国务院食品安全委员会部署，各级食品安全委员会办公室正积极压紧压实食品安全属地管理责任和企业主体责任，严防严管严控食品安全风险，确保人民群众"舌尖上的安全"。

  完善和健全我国食品安全追溯体系，提升食品追溯企业品质，是落实食品安全属地管理责任和企业主体责任的重要抓手。为了帮助政府和企业更好地了解 2022—2023 年我国食品追溯行业的最新动态，发现行业难点和痛点，挖掘行业价值和市场机遇，中国副食流通协会食品安全与信息追溯分会组织多名专家编写完成了《中国食品行业追溯体系发展报告（2022—2023）》。全书既有对食品信息追溯产业内外部环境的探讨，也有对追溯行业供应市场中的大中型企业现状、追溯技术中存在的信息安全问题以及追溯餐厅实施效果的专题探讨，更有对食品信息追溯企业的典型案例分析。整篇报告条理清晰、结构完整、内容翔实，希望对政府及相关企业有所帮助。

  最后，衷心感谢编委会全体成员及参编的其他工作人员付出的辛勤劳动。感谢北京航空航天大学、北京交通大学、华北电力大学、北京工商大学、北京物资学院、中国国际电子商务中心等单位对本书给予大力支持，并对中国商业出版社表示诚挚的谢意！

中国副食流通协会会长　何继红

2023 年 11 月

前　言

建立健全食品行业追溯体系，引导食品企业增强主体责任意识，加强生产经营过程质量安全控制，是维护食品安全，助力产业高质量发展，提升人民群众满意度的重要抓手。

中国副食流通协会食品安全与信息追溯分会多年来致力于食品追溯领域相关科学研究、技术开发、项目应用以及标准化建设等工作。为了进一步推动食品行业追溯体系建设的高质量发展，加深全社会对食品信息追溯领域热点、难点、问题的关注，中国副食流通协会食品安全与信息追溯分会特组织高等学校、科研院所、信息追溯企业的专家学者共同完成了《中国食品行业追溯体系发展报告（2022—2023）》的编写工作。全书共分四篇，涵盖了食品追溯行业的多个领域，其主要内容如下。

第一篇为环境分析篇，主要概述了食品行业追溯体系所处的外部环境。本篇包括三个部分：第一部分主要阐述了2022—2023年食品行业追溯体系所处的宏观经济环境，第二部分论述了2022—2023年食品行业总体情况，第三部分则主要阐述了2022—2023年食品行业信息追溯相关的互联网技术及其应用。

第二篇为专题研究篇，包括三个专题。第一个专题是食品追溯供应市场研究，该专题在对追溯技术的分析基础上，通过问卷调查方式，对追溯行业供应市场中的大中型企业现状进行了统计和分析，第二个专题是追溯体系中的信息安全研究，该专题论述了追溯技术中存在的信息安全研究，并提出了保障追溯体系信息安全的相关对策建议。第三个专题是追溯餐厅效果的评估报告，该报告从助力国家政策落实、企业信任、降本增效、责任界定、消费信赖和社会责任六个维度对追溯餐厅的实施效果进行了评价。

第三篇为案例分享篇，包括七个案例。具体包括：广州中科易德科技有限公司的基于可信区块链的智慧农业"产+储+运+销"一体化服务平台、北京数码通科技有限公司的卫岗乳业产品追溯防窜解决方案、深圳市中选科技有限公司的温氏食品安全溯源平台案例、上海财治食品有限公司追溯案例、量子云码（福建）科技有限公司的量子云码溯源盼盼食品"数字化产品管理+可信溯源"服务应用案例、四川省虎虾网络科技有限公司追溯应用案例、三亚崖州区芒果区块链管理平台。

第四篇为资料汇编篇，收集整理了2022—2023年食品行业信息追溯相关政策文件。

编　者
2023年10月

目　录

环境分析篇

1　2022 年食品信息追溯环境分析 ……………………………………… 3

　1.1　相关宏观经济分析 ………………………………………………… 3

　1.2　食品行业总体分析 ………………………………………………… 15

　1.3　互联网络发展状况分析 …………………………………………… 29

专题研究篇

2　食品追溯供应市场研究 …………………………………………… 49

　2.1　研究背景及意义 …………………………………………………… 49

　　2.1.1　研究背景 ……………………………………………………… 49

　　2.1.2　食品追溯的意义 ……………………………………………… 51

　2.2　追溯技术在食品中的应用 ………………………………………… 52

　　2.2.1　物理技术溯源 ………………………………………………… 52

　　2.2.2　化学技术溯源 ………………………………………………… 53

　　2.2.3　生物技术溯源 ………………………………………………… 53

　2.3　食品追溯供应市场分析 …………………………………………… 54

　　2.3.1　概述 …………………………………………………………… 54

　　2.3.2　食品追溯服务商 50 强结果分析 …………………………… 54

3　追溯体系中的信息安全研究 ……………………………………… 59

　3.1　研究背景与意义 …………………………………………………… 59

　3.2　食品追溯技术国内外研究现状 …………………………………… 60

　　3.2.1　条码识别技术 ………………………………………………… 60

　　3.2.2　射频识别（RFID）技术 ……………………………………… 61

　　3.2.3　区块链技术 …………………………………………………… 62

  3.2.4 无线传感网络技术 ·················· 62

  3.2.5 机器视觉技术 ····················· 63

 3.3 追溯体系中存在的信息安全问题 ············· 63

  3.3.1 物联网和隐私安全 ·················· 63

  3.3.2 区块链技术中的信息安全 ·············· 64

  3.3.3 数据篡改、丢失及泄露 ··············· 65

 3.4 保障追溯体系中的数据信息安全性 ············ 65

  3.4.1 物联网信息采集中隐私安全的保障 ········ 65

  3.4.2 区块链技术中安全可追溯性的保障 ········ 66

  3.4.3 防止数据篡改、丢失及泄露的相应措施 ····· 68

 3.5 结论与展望 ······················· 69

4 追溯餐厅效果评估报告 ···················· 74

 4.1 概述 ·························· 74

 4.2 评价方法 ························ 74

 4.3 整体效果 ························ 75

  4.3.1 助力国家政策落实 ················· 75

  4.3.2 企业信任 ····················· 76

  4.3.3 降本增效 ····················· 76

  4.3.4 责任界定 ····················· 77

  4.3.5 消费信赖 ····················· 77

  4.3.6 社会责任 ····················· 78

 4.4 典型案例 ························ 78

  4.4.1 北京健力源餐饮管理有限公司 ·········· 78

  4.4.2 厦门沛浪餐饮管理有限公司 ············ 79

  4.4.3 河北千喜鹤饮食股份有限公司 ·········· 79

  4.4.4 广东中膳金勺子食品集团有限公司 ········ 80

 4.5 结论 ·························· 81

案例分享篇

5 中科易德——基于可信区块链的智慧农业"产+储+运+销"一体化服务平台 ······ 87

 5.1 公司简介 ························ 87

 5.2 项目背景 ························ 87

  5.2.1 面临的挑战 ···················· 88

　　　　5.2.2　面临的机遇 ……………………………………………… 88

　　5.3　平台简介 …………………………………………………………… 89

　　5.4　技术方案 …………………………………………………………… 89

　　　　5.4.1　总体架构 ……………………………………………… 89

　　　　5.4.2　建设内容 ……………………………………………… 91

　　　　5.4.3　技术特色 ……………………………………………… 95

　　5.5　核心业务流程 ……………………………………………………… 96

　　　　5.5.1　种养殖基地生产管理流程 …………………………… 96

　　　　5.5.2　种养殖基地采收包装及赋码流程 …………………… 97

　　　　5.5.3　集配中心采购入库流程 ……………………………… 98

　　　　5.5.4　集配中心生产加工流程 ……………………………… 99

　　　　5.5.5　集配中心生产加工入库流程 ………………………… 100

　　　　5.5.6　集配中心销售出库流程 ……………………………… 101

　　　　5.5.7　经销商接货流程 ……………………………………… 101

　　　　5.5.8　经销商销售流程 ……………………………………… 102

　　　　5.5.9　物流运输过程数据采集及查询流程 ………………… 102

　　　　5.5.10　消费者扫码溯源流程 ……………………………… 103

　　5.6　项目实施成果与推广意义 ………………………………………… 104

　　　　5.6.1　实施成果 ……………………………………………… 104

　　　　5.6.2　推广意义 ……………………………………………… 104

6　数码通科技——卫岗乳业产品追溯防窜解决方案 ……………… 106

　　6.1　公司简介 …………………………………………………………… 106

　　6.2　项目背景 …………………………………………………………… 106

　　　　6.2.1　溯源行业现状 ………………………………………… 106

　　　　6.2.2　卫岗乳业简介 ………………………………………… 107

　　6.3　追溯体系建设 ……………………………………………………… 108

　　　　6.3.1　体系概述 ……………………………………………… 108

　　　　6.3.2　建设目标 ……………………………………………… 108

　　　　6.3.3　追溯防窜平台概述 …………………………………… 109

　　　　6.3.4　追溯防窜项目整体流程 ……………………………… 109

　　　　6.3.5　解决方案 ……………………………………………… 110

　　　　6.3.6　核心优势 ……………………………………………… 115

　　6.4　项目总结及展望 …………………………………………………… 115

　　　　6.4.1　项目总结 ……………………………………………… 115

6.4.2　后期展望 ·· 116

7　中选科技——温氏食品安全溯源平台案例 ················· 117
　7.1　公司简介 ··· 117
　　7.1.1　中选科技 ·· 117
　　7.1.2　温氏股份 ·· 117
　7.2　项目背景 ··· 118
　　7.2.1　社会背景 ·· 118
　　7.2.2　内部背景 ·· 118
　7.3　项目目标 ··· 119
　7.4　项目实施概况 ··· 119
　　7.4.1　项目系统架构规划 ·· 119
　　7.4.2　产品赋码展示 ·· 122
　　7.4.3　食品溯源查询系统展示 ···································· 123
　7.5　项目成果 ··· 126
　7.6　项目创新点 ··· 126
　7.7　未来升级规划 ··· 127

8　财治食品追溯案例 ··· 128
　8.1　公司简介 ··· 128
　8.2　追溯建设背景 ··· 128
　8.3　追溯建设历程 ··· 129
　　8.3.1　2017年追溯建设情况 ······································ 129
　　8.3.2　2018年追溯建设情况 ······································ 130
　　8.3.3　2019年追溯建设情况 ······································ 132
　　8.3.4　2020年追溯建设情况 ······································ 132
　　8.3.5　2021年追溯建设情况 ······································ 133
　　8.3.6　2022年至今追溯建设情况 ·································· 134
　8.4　追溯系统对流程的提升改进 ····································· 136
　8.5　追溯系统总结及展望 ··· 141
　　8.5.1　追溯系统建设总结 ·· 141
　　8.5.2　未来展望 ·· 141

9　量子云码溯源盼盼食品——"数字化产品管理+可信溯源"服务应用案例 ··· 143
　9.1　公司简介 ··· 143
　9.2　项目背景 ··· 145
　9.3　项目建设情况 ··· 145

9.4 项目展望 ·· 147
10 四川省虎虾网络科技有限公司追溯应用案例 ····················· 148
10.1 公司简介 ·· 148
10.2 典型案例 ·· 149
10.2.1 重庆飞亚实业有限公司 ··· 149
10.2.2 四川航佳生物科技有限公司 ······································ 151
10.2.3 郫县鹃城豆瓣股份有限公司 ······································ 152
11 三亚崖州区芒果区块链管理平台的建设与应用 ················· 155
11.1 项目背景 ·· 155
11.2 平台架构 ·· 155
11.3 功能模块 ·· 156
11.4 应用场景 ·· 159
11.4.1 区块链+芒果产销供应链 ·· 159
11.4.2 区块链+芒果金融服务探索实践 ·································· 160
11.5 实施效果 ·· 160

资料汇编篇

12 2022—2023 年食品行业追溯相关政策文件 ························· 163
12.1 关于印发《2023 年全国农资打假和监管工作要点》的通知 ····· 163
12.2 农业农村部关于印发《畜禽屠宰"严规范 促提升 保安全"三年行动
方案》的通知 ··· 167
12.3 农业农村部关于加快推进农产品初加工机械化高质量发展的意见 ······· 170
12.4 国务院办公厅关于印发"十四五"现代物流发展规划的通知 ········ 175
12.5 关于印发进一步提高产品、工程和服务质量行动方案
（2022—2025 年）的通知 ·· 189
12.6 食品相关产品质量安全监督管理暂行办法 ····························· 196
12.7 国务院关于加强数字政府建设的指导意见 ····························· 202

环境分析篇

1

2022 年食品信息追溯环境分析

1.1 相关宏观经济分析

2022 年是党和国家历史上极为重要的一年，党的二十大胜利召开。在以习近平同志为核心的党中央坚强领导下，各地区各部门按照党中央、国务院决策部署，统筹国内国际两个大局，坚持稳中求进工作总基调，全面深化改革开放，加大宏观调控力度，应对超预期因素冲击，经济保持增长，发展质量稳步提升，创新驱动深入推进，就业物价总体平稳，粮食安全、能源安全和人民生活得到有效保障，经济社会大局保持稳定，为全面建设社会主义现代化国家新征程迈出坚实步伐。

如图 1-1 所示，2022 年国内生产总值 1210207 亿元，比上年增长 3.0%，近两年平均增长率为 5.7%。其中，第一产业增加值 88345 亿元，比上年增长 4.1%；第二产业增加值 483164 亿元，增长 3.8%；第三产业增加值 638698 亿元，增长 2.3%。第一产业增加值占国内生产总值比重为 7.3%，第二产业增加值比重为 39.9%，第三产业增加值比重为 52.8%。全年最终消费支出拉动国内生产总值增长 1.0 个百分点，资本形成总额拉动国内生产总值增长 1.5 个百分点，货物和服务净出口拉动国内生产总值增长 0.5 个百分点。全年人均国内生产总值 85698 元，比上年增长 3.0%。国民总收入 1197215 亿元，比上年增长 2.8%。全员劳动生产率为 152977 元/人，比上年提高 4.2%。

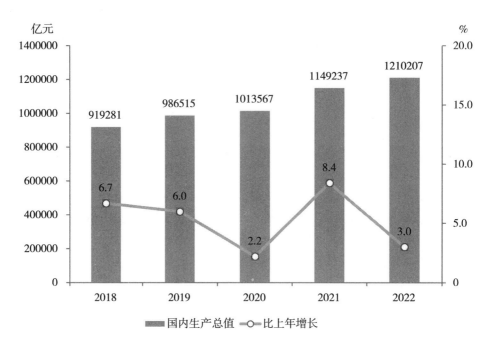

图 1-1　2018—2022 年国内生产总值及增长速度

资料来源：中华人民共和国国家统计局。

如图 1-2 所示，2022 年全年全国居民人均可支配收入 36883 元，比上年增长 5.0%，扣除价格因素，实际增长 2.9%。其中，全国居民人均可支配收入中位数 31370 元，增长 4.7%。按常住地分，城镇居民人均可支配收入 49283 元，比上年增长 3.9%，扣除价格因素，实际增长 1.9%。城镇居民人均可支配收入中位数 45123 元，增长 3.7%。农村居民人均可支配收入 20133 元，比上年增长 6.3%，扣除价格因素，实际增长 4.2%。农村居民人均可支配收入中位数 17734 元，增长 4.9%。城乡居民人均可支配收入比值为 2.45，比上年缩小 0.05。按全国居民五等份收入分组，低收入组人均可支配收入 8601 元，中间偏下收入组人均可支配收入 19303 元，中间收入组人均可支配收入 30598 元，中间偏上收入组人均可支配收入 47397 元，高收入组人均可支配收入 90116 元。全国农民工人均月收入 4615 元，比上年增长 4.1%。全年脱贫县农村居民人均可支配收入 15111 元，比上年增长 7.5%，扣除价格因素，实际增长 5.4%。

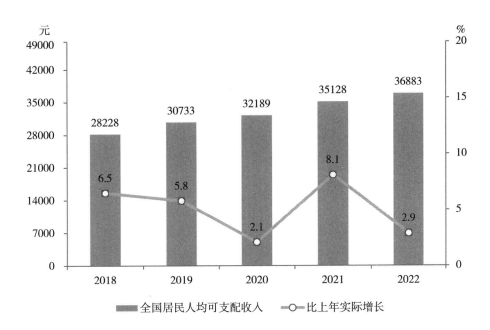

图 1-2 2018—2022 年全国居民人均可支配收入及实际增长

资料来源：中华人民共和国国家统计局。

2022 年全年全国居民人均消费支出 24538 元，比上年增长 1.8%，扣除价格因素，实际下降 0.2%。其中，人均服务性消费支出 10590 元，比上年下降 0.5%，占居民人均消费支出的比重为 43.2%。按常住地分，城镇居民人均消费支出 30391 元，增长 0.3%，扣除价格因素，实际下降 1.7%；农村居民人均消费支出 16632 元，增长 4.5%，扣除价格因素，实际增长 2.5%。全国居民恩格尔系数为 30.5%，其中城镇为 29.5%，农村为 33.0%。

如图 1-3 所示，2022 年全国居民人均消费支出中，居住消费支出为 5882 元，占人均消费支出的 24.0%，比上年度增加了 0.6 个百分点；食品烟酒消费支出 7481 元，占人均消费支出的 30.5%，比上年度增加了 0.7 个百分点；教育文化娱乐消费支出 2469 元，占人均消费支出的 10%，比上年度降低了 0.7 个百分点；医疗保健消费支出 2120 元，占人均消费支出的 8.6%，比上年度增长了 0.1 个百分点；衣着消费支出 1365 元，占人均消费支出的 5.9%，比上年度降低了 0.1 个百分点；交通通信消费支出 3195 元，占人均消费支出的 13.0%，比上年度降低了 0.1 个百分点；生活用品及服务消费支出 1432 元，占人均消费支出的 5.8%，比上年降低了 0.1 个百分点；其他用品及服务消费支出为 595 元，占人均消费支出的 2.4%，比上年度增长了 0.1 个百分点。

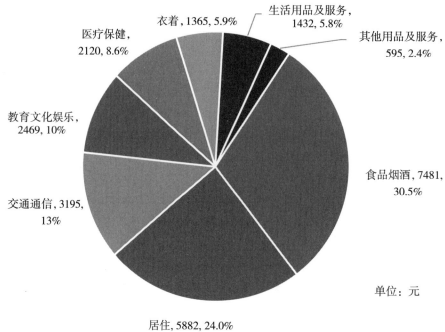

图 1-3 2022 年全国居民人均消费支出及其构成

资料来源：中华人民共和国国家统计局。

从图 1-3 中的数据可以看出，2022 年居民的消费主要集中在居住和食品烟酒两项，其总和占人均消费支出的比重为 54.5%，超过了人均消费支出的一半，是居民最主要的两项消费支出。其中，食品烟酒消费支出占人均消费支出的比重为 30.5%，与 2021 年的 29.8% 相比增加了 0.7 个百分点，占到了居民人均消费支出的近三分之一。这表明，我国现阶段居民对食品烟酒的支出仍占重要地位。随着人民生活的日益改善，对健康的要求越来越高，特别是在满足了日常生活必需的食品以外，消费者持续关注食品的质量和安全问题。越来越多的消费者愿意通过购买绿色环保的食品以提升生活品质，消费者也愿意为了质量更好、安全性更高的食品支付更高的价格。

如图 1-4 所示，2022 年全年社会消费品零售总额 439733 亿元，比上年下降 0.2%。按经营地统计，城镇消费品零售额 380448 亿元，下降 0.3%；乡村消费品零售额 59285 亿元，与上年基本持平。按消费类型统计，商品零售额 395792 亿元，增长 0.5%；餐饮收入额 43941 亿元，下降 6.3%。2018—2022 年，全国社会消费品零售总额增幅分别为 8.8%、8.0%、-3.9%、12.5%、-0.2%，2022 年的增幅比 2021 年大幅下降了 12.7 个百分点，这主要缘于新冠疫情的影响。

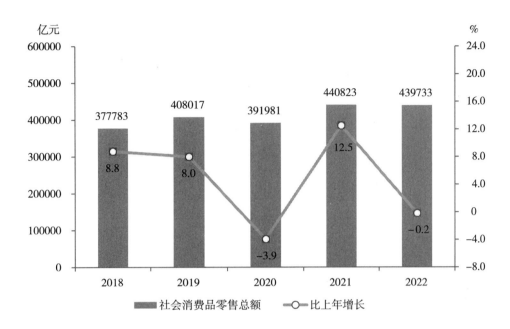

图 1-4 2018—2022 年城乡社会消费品零售额

资料来源：中华人民共和国国家统计局。

如图 1-5、图 1-6 所示，按经营地统计，2022 年城镇消费品零售额 380448 亿元，比上年下降 0.3%，占全社会消费品零售总额的 87%；乡村消费品零售额 59285 亿元，与上年基本持平，占全社会消费品零售总额的 13%；按消费类型统计，2022 年商品零售额 395792 亿元，比上年增长了 0.5%，占全社会消费品零售总额的 90.0%；餐饮收入额 43941 亿元，比上年下降了 6.3%，占全社会消费品零售总额的 10.0%。

2022 年限额以上单位商品零售额中，粮油、食品类零售额比上年增长 8.7%，饮料类增长 5.3%，烟酒类增长 2.3%，服装、鞋帽、针纺织品类下降 6.5%，化妆品类下降 4.5%，金银珠宝类下降 1.1%，日用品类下降 0.7%，家用电器和音像器材类下降 3.9%，中西药品类增长 12.4%，文化办公用品类增长 4.4%，家具类下降 7.5%，通信器材类下降 3.4%，石油及制品类增长 9.7%，汽车类增长 0.7%，建筑及装潢材料类下降 6.2%。全年实物商品网上零售额 119642 亿元，按可比口径计算，比上年增长 6.2%，占社会消费品零售总额的比重为 27.2%。

如图 1-7 所示，2022 年货物进出口总额 420678 亿元，比上年增长 7.7%。其中，出口 239654 亿元，增长 10.5%；进口 181024 亿元，增长 4.3%。货物进出口顺差 58630 亿元，比上年增加 15330 亿元。对"一带一路"沿线国家进出口总额 138339 亿元，比上年增长 19.4%。其中，出口 78877 亿元，增长 20.0%；进口 59461 亿元，增长 18.7%。对《区域全面经济伙伴关系协定》（RCEP）其他成员国进出口额 129499 亿元，比上年增长 7.5%。

2018—2022 年，我国的国际贸易得到较快发展，2018—2022 年实现了持续增长态势，进出口贸易总额从 2018 年的 305010 亿元增加到 2022 年的 420678 亿元，年均增幅达到了 8.4%。

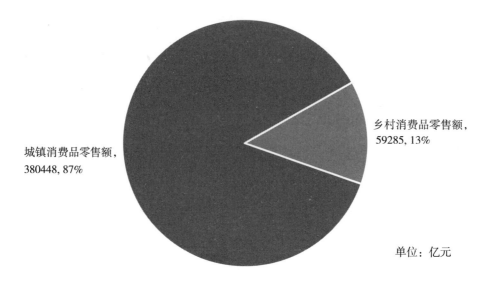

乡村消费品零售额，
59285, 13%

城镇消费品零售额，
380448, 87%

单位：亿元

图 1-5 2022 年城乡社会消费品零售额

资料来源：中华人民共和国国家统计局。

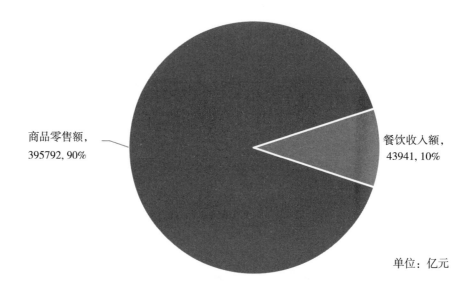

商品零售额，
395792, 90%

餐饮收入额，
43941, 10%

单位：亿元

图 1-6 2022 年商品零售额与餐饮收入比重

资料来源：中华人民共和国国家统计局。

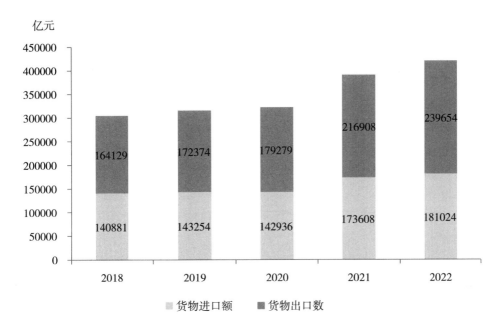

亿元

图 1-7 2018—2022 年货物进出口总额

资料来源：中华人民共和国国家统计局。

如表 1-1 所示，2022 年货物出口额中，一般贸易额比上年增长 15.4%，加工贸易额比上年增加 1.1%，机电产品比上年增长 7.0%，高新技术产品增长 0.3%。受新冠疫情的影响，2022 年货物进口额中，一般贸易比上年增加 6.7%，加工贸易比上年减少 3.2%，机电产品比上年减少 5.4%，高新技术产品比上年减少 6.0%。货物进出口顺差增长了 35.4%。

表 1-1 2022 年货物进出口总额及其增长速度

指　　标	金　额（亿元）	比上年增长（%）
货物进出口总额	420678	7.7
货物出口额	239654	10.5
其中：一般贸易	152468	15.4
加工贸易	53952	1.1
其中：机电产品	136973	7.0
高新技术产品	63391	0.3
货物进口额	181024	4.3
其中：一般贸易	115624	6.7

续表

指　标	金　额（亿元）	比上年增长（％）
加工贸易	30574	-3.2
其中：机电产品	69661	-5.4
高新技术产品	50864	-6.0
货物进出口顺差	58630	35.4

资料来源：中华人民共和国国家统计局。

如表 1-2 所示，从对主要国家和地区货物进出口额来看，2022 年与我国贸易往来频繁的国家和地区最主要的为东盟、欧盟、美国、韩国、日本。其中，我国主要的货物出口国家和地区为美国、东盟、欧盟，其货物出口额占全部出口比重分别达 16.2%、15.8%、15.6%，向上述国家和地区的货物出口额占全部出口比重的近一半。从进口来看，我国从东盟的货物进口额占全部进口比重最高，达 15.1%，其次是欧盟，占全部进口比重的 10.5%。

表 1-2　2022 年对主要国家和地区货物进出口额、增长速度及其比重

国家和地区	出口额（亿元）	比上年增长（％）	占全部出口比重（％）	进口额（亿元）	比上年增长（％）	占全部进口比重（％）
东盟	37907	21.7	15.8	27247	6.8	15.1
欧盟	37434	11.9	15.6	19034	-4.9	10.5
美国	38706	4.2	16.2	11834	1.9	6.5
韩国	10843	13.0	4.5	13278	-3.7	7.3
日本	11537	7.7	4.8	12295	-7.5	6.8
中国台湾	5423	7.2	2.3	15840	-1.8	8.8
中国香港	19883	-12.0	8.3	527	-16.0	0.3
俄罗斯	5123	17.5	2.1	7638	48.6	4.2
巴西	4128	19.3	1.7	7294	2.6	4.0
印度	7896	25.5	3.3	1160	-36.2	0.6
南非	1615	18.6	0.7	2173	2.0	1.2

资料来源：中华人民共和国国家统计局。

如表 1-3 所示，从主要出口商品金额来看，2022 年出口金额最大的商品是自动数据处理设备及其零部件，达 15701 亿元；排名第 2~5 位的是服装及衣着附件，集成电路，纺织纱线、织物及制品和手机。2022 年与 2021 年相比，从出口金额增幅来看，汽车（包括

底盘）增长最快，增幅达 82.2%，其次是箱包及类似容器，增幅为 32.6%，第三为鞋靴，增幅达 24.4%。降幅最大的是集装箱，降幅达 36.1%。

表 1-3　2022 年主要商品出口数量、金额及其增长速度

商品名称	单位	数量	比上年增长（%）	金额（亿元）	比上年增长（%）
钢材	万吨	6732	0.9	6427	22.3
纺织纱线、织物及制品	—	—	—	9836	4.9
服装及衣着附件	—	—	—	11713	6.7
鞋靴	万双	929318	6.6	3844	24.4
家具及其零件	—	—	—	4639	-2.5
箱包及类似容器	万吨	297	22.2	2378	32.6
玩具	—	—	—	3229	9.1
塑料制品	—	—	—	7188	12.7
集成电路	亿个	2734	-12.0	10254	3.5
自动数据处理设备及其零部件	—	—	—	15701	-4.7
手机	万台	82224	-13.8	9527	0.9
集装箱	万个	321	-33.7	967	-36.1
液晶平板显示模组	万个	164560	—	1807	—
汽车（包括底盘）	万辆	332	56.8	4054	82.2

资料来源：中华人民共和国国家统计局。

如表 1-4 所示，从主要商品进口数量及增幅来看，2022 年与 2021 年相比，大豆和食用植物油的进口数量分别减少了 5.6% 和 37.6%。钢材、集成电路、初级形状的塑料、天然气、煤及褐煤降幅较大，分别为 25.9%、15.3%、10.0%、9.9% 和 9.2%，从进口金额来看，2022 年进口金额最大的商品虽仍然是集成电路，达 27663 亿元，但比上年减少了 0.9%，其次是原油，达 24350 亿元，比上年增长了 45.9%。

表 1-4　2022 年主要商品进口数量、金额及增长速度

商品名称	单位	数量	比上年增长（%）	金额（亿元）	比上年增长（%）
大豆	万吨	9108	-5.6	4085	18.1
食用植物油	万吨	648	-37.6	606	-14.1
铁矿砂及其精矿	万吨	110686	-1.5	8498	-27.9

续表

商品名称	单位	数量	比上年增长（%）	金额（亿元）	比上年增长（%）
煤及褐煤	万吨	29320	−9.2	2855	22.2
原油	万吨	50828	−0.9	24350	45.9
成品油	万吨	2645	−2.5	1309	21.2
天然气	万吨	10925	−9.9	4683	30.3
初级形状的塑料	万吨	3058	−10.0	3734	−5.5
纸浆	万吨	2916	−1.8	1492	15.1
钢材	万吨	1057	−25.9	1136	−6.1
未锻轧铜及铜材	万吨	587	6.2	3610	6.5
集成电路	亿个	5384	−15.3	27663	−0.9
汽车（包括底盘）	万辆	88	−6.5	3529	1.2

资料来源：中华人民共和国国家统计局。

2022 年，全年全社会固定资产投资 579556 亿元，比上年增长 4.9%。固定资产投资（不含农户）572138 亿元，增长 5.1%。在固定资产投资（不含农户）中，分区域看，东部地区投资增长 3.6%，中部地区投资增长 8.9%，西部地区投资增长 4.7%，东北地区投资增长 1.2%。

在固定资产投资（不含农户）中，第一产业投资 14293 亿元，比上年增长 0.2%；第二产业投资 184004 亿元，增长 10.3%；第三产业投资 373842 亿元，增长 3.0%。民间固定资产投资 310145 亿元，增长 0.9%。基础设施投资增长 9.4%。社会领域投资增长 10.9%。

如表 1-5 所示，从不同行业固定资产投资（不含农户）增幅情况来看，增幅排名第一的是公共管理、社会保障和社会组织，达 42.1%；增幅排名第二的是卫生和社会工作，增幅达 26.1%；增幅排名并列第三的是居民服务、修理和其他服务业与信息传输、软件和信息技术服务业，其增幅均为 21.8%。

表 1-5 2022 年分行业固定资产投资（不含农户）增长速度

行业	比上年增长（%）	行业	比上年增长（%）
总计	5.1	金融业	10.5
农、林、牧、渔业	4.2	房地产业	−8.4
采矿业	4.5	租赁和商务服务业	14.5

行业	比上年增长（%）	行业	比上年增长（%）
制造业	9.1	科学研究和技术服务业	21.0
电力、热力、燃气及水生产和供应业	19.3	水利、环境和公共设施管理业	10.3
建筑业	2.0	居民服务、修理和其他服务业	21.8
批发和零售业	5.3	教育	5.4
交通运输、仓储和邮政业	9.1	卫生和社会工作	26.1
住宿和餐饮业	7.5	文化、体育和娱乐业	3.5
信息传输、软件和信息技术服务业	21.8	公共管理、社会保障和社会组织	42.1

资料来源：中华人民共和国国家统计局。

如表1-6所示，2022年固定资产投资在电力、交通运输、通信领域的新增生产与运营能力有了显著提升。电力行业基础设施方面，新增220千伏及以上变电设备25839万千伏安；交通运输行业基础设施方面，新建铁路投产里程4100公里，新改建高速公路里程8771公里，港口万吨级及以上码头泊位新增通过能力25561万吨/年，新增民用运输机场6个；通信基础设施方面，新增光缆线路长度477万公里。

表1-6　2022年固定资产投资新增主要生产与运营能力

指标	单位	绝对数
新增220千伏及以上变电设备	万千伏安	25839
新建铁路投产里程	公里	4100
其中：高速铁路	公里	2082
增、新建铁路复线投产里程	公里	2658
电气化铁路投产里程	公里	3452
新改建高速公路里程	公里	8771
港口万吨级及以上码头泊位新增通过能力	万吨/年	25561
新增民用运输机场	个	6
新增光缆线路长度	万公里	477

资料来源：中华人民共和国国家统计局。

新产业新业态新模式较快成长。2022年全年规模以上工业中，高技术制造业增加值比上年增长7.4%，占规模以上工业增加值的比重为15.5%；装备制造业增加值增长5.6%，占规模以上工业增加值的比重为31.8%。全年规模以上服务业中，战略性新兴服务业企业营业收入比上年增长 4.8%。全年高技术产业投资比上年增长 18.9%。全年新能源汽车产量 700.3 万辆，比上年增长 90.5%；太阳能电池（光伏电池）产量 3.4 亿千瓦，增长 46.8%。全年电子商务交易额 438299 亿元，按可比口径计算，比上年增长 3.5%。全年网上零售额 137853 亿元，按可比口径计算，比上年增长 4.0%。全年新登记市场主体 2908 万户，日均新登记企业 2.4 万户，年末市场主体总数近 1.7 亿户。

城乡区域协调发展稳步推进。2022 年年末全国常住人口城镇化率为 65.22%，比上年末提高 0.50 个百分点。分区域看，全年东部地区生产总值 622018 亿元，比上年增长 2.5%；中部地区生产总值 266513 亿元，增长 4.0%；西部地区生产总值 256985 亿元，增长 3.2%；东北地区生产总值 57946 亿元，增长 1.3%。全年京津冀地区生产总值 100293 亿元，比上年增长 2.0%；长江经济带地区生产总值 559766 亿元，增长 3.0%；长江三角洲地区生产总值 290289 亿元，增长 2.5%。粤港澳大湾区建设、黄河流域生态保护和高质量发展等区域重大战略扎实推进。

如图 1-8 所示，2018—2022 年快递业务量年均增幅达 21.5%，呈现持续快速增长。2022 年全年完成邮政行业业务总量 14317 亿元，比上年增长 4.5%。邮政业全年完成邮政函件业务 9.4 亿件，包裹业务 0.2 亿件，快递业务量 1105.8 亿件，快递业务收入 10567 亿元，比上年增长 2.1%。

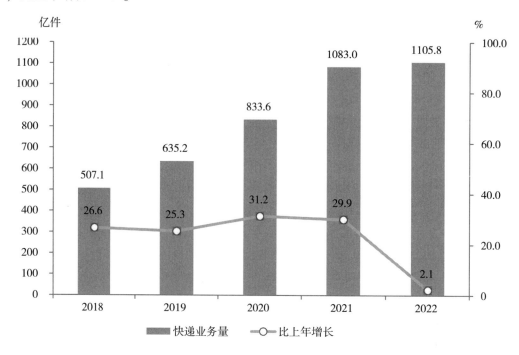

图 1-8　2018—2022 年快递业务量及增长速度

资料来源：中华人民共和国国家统计局。

1.2 食品行业总体分析

2022 年，粮食种植面积 11833 万公顷，比上年增加 70 万公顷。其中，稻谷种植面积 2945 万公顷，减少 47 万公顷；小麦种植面积 2352 万公顷，减少 5 万公顷；玉米种植面积 4307 万公顷，减少 25 万公顷；大豆种植面积 1024 万公顷，增加 183 万公顷。棉花种植面积 300 万公顷，减少 3 万公顷。油料种植面积 1314 万公顷，增加 4 万公顷。糖料种植面积 147 万公顷，增加 1 万公顷。

如图 1-9 所示，2022 年，粮食产量 68653 万吨，比上年增加 368 万吨，增产 0.54%。其中，夏粮产量 14740 万吨，增产 1.0%；早稻产量 2812 万吨，增产 0.4%；秋粮产量 51100 万吨，增产 0.4%。全年谷物产量 63324 万吨，比上年增产 0.1%。其中，稻谷产量 20849 万吨，减产 2.0%；小麦产量 13772 万吨，增产 0.6%；玉米产量 27720 万吨，增产 1.7%。大豆产量 2028 万吨，增产 23.7%。从 2018—2022 年粮食产量来看，我国粮食产量基本保持稳定，年均增幅为 1.1%，特别是 2021 年，增幅达 2%，创近五年的新高。

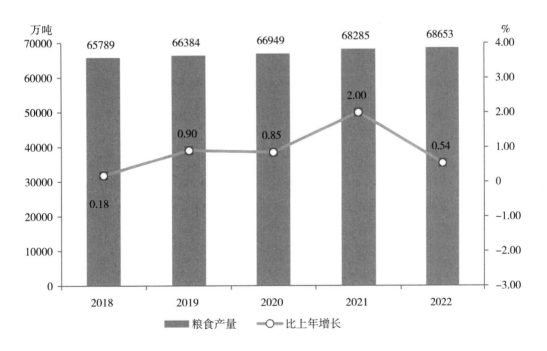

图 1-9 2018—2022 年粮食产量

资料来源：中华人民共和国国家统计局。

如图 1-10 所示，2022 年油料产量 3653 万吨，增产 1.1%。糖料产量 11444 万吨，减产 0.1%。茶叶产量 335 万吨，增产 5.7%。全年猪牛羊禽肉产量 9227 万吨，比上年增长

3.8%。其中，猪肉产量 5541 万吨，增长 4.6%；牛肉产量 718 万吨，增长 3.0%；羊肉产量 525 万吨，增长 2.0%；禽肉产量 2443 万吨，增长 2.6%。禽蛋产量 3456 万吨，增长 1.4%。牛奶产量 3932 万吨，增长 6.8%。年末生猪存栏 45256 万头，比上年末增长 0.7%；全年生猪出栏 69995 万头，比上年增长 4.3%。全年水产品产量 6869 万吨，比上年增长 2.7%。其中，养殖水产品产量 5568 万吨，增长 3.2%；捕捞水产品产量 1301 万吨，增长 0.4%。

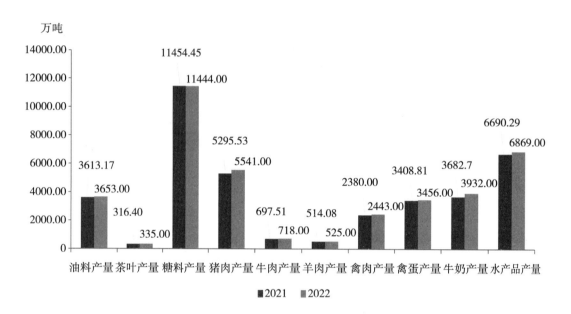

图 1-10　2021—2022 农产品产量对比图

资料来源：中华人民共和国国家统计局。

如表 1-7 所示，原盐、精制食用植物油、饮料产量有所下降，上述产品 2021 年的产量比上年分别下降了 3.3%、1.8%、1.1%。啤酒产量与上年相比微增 0.2%。成品糖产量比上年增长 2.6%。卷烟的产量维持稳定，微增为 0.6%。如图 1-11 所示，2022 年我国原盐、精制食用植物油产量分别为 4986.4 万吨、4881.9 万吨，比 2021 年分别减产 168.2 万吨、91.2 万吨。成品糖产量比 2021 年增产 37.06 万吨，增幅为 2.6%。啤酒产量为 3568.7 万千升，卷烟产量为 24321.5 亿支，与上年基本持平。消费者对原盐、食用植物油需求下降，但对于成品糖需求明显增长。

表 1-7 2021—2022 年部分食品工业产品产量

名称＼年份	2021	2022	增幅（%）
原盐（万吨）	5154.60	4986.40	-3.3
精制食用植物油（万吨）	4973.10	4881.90	-1.8
成品糖（万吨）	1449.74	1486.80	2.6
饮料（万吨）	18333.80	18140.80	-1.1
啤酒（万千升）	3562.40	3568.70	0.2
卷烟（亿支）	24182.40	24321.50	0.6

资料来源：中华人民共和国国家统计局、中商产业研究院。

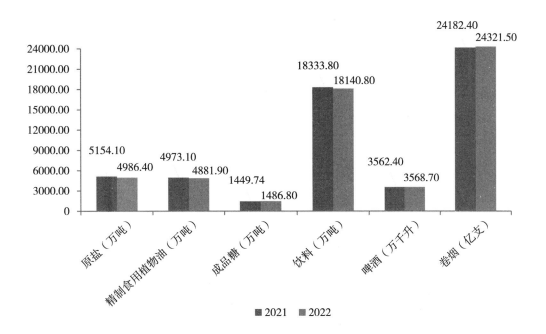

图 1-11 2021—2022 年食品工业产品产量

资料来源：中华人民共和国国家统计局、中商产业研究院。

如图 1-12 所示，进口大豆数量保持稳定，从 2018 年的 8803 万吨增加到 2022 年的 9108 万吨，年均增幅仅为 0.9%。食用植物油进口数量 2018—2022 年保持稳定，年均增幅仅为 0.7%。与 2021 年相比，2022 年进口大豆数量减少了 544 万吨，降幅为 5.6%，而进口食用植物油数量大减 391 万吨，降幅为 37.6%。这表明，随着国内对进口食品需求的变化，进口大豆和数量基本保持稳定，而进口食用植物油数量回到了 2018 年的水平。

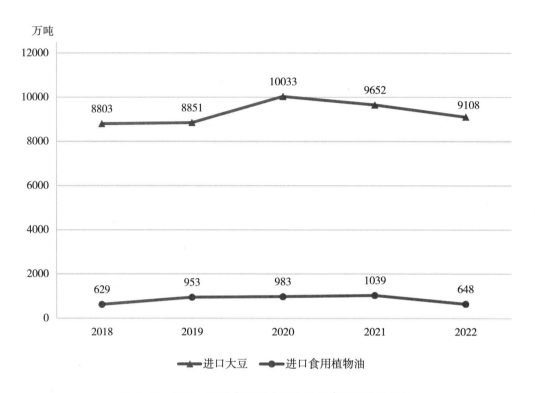

图 1-12　2018—2022 年进口大豆及进口食用植物油数量

资料来源：中华人民共和国国家统计局。

　　如图 1-13 所示，2013—2022 年，全国餐饮收入除 2020 年、2022 年因新冠疫情导致的收入明显下降，其余年份都表现出持续稳定的增长。2022 年餐饮收入达 43941 亿元，比上一年度减少了 6.3%。从 2013—2022 年，餐饮收入从 2013 年的 25392 亿元增加到 2022 年的 43941 亿元，收入额基本翻倍，年均增长率达 6.3%。随着人们物质生活水平的提高，越来越多的人选择外卖或到外面就餐，这对餐饮行业的食品安全提出了更高要求。随着餐饮收入中外卖收入的比重持续扩大，老百姓越来越关心食品安全问题。中国副食流通协会食品安全与信息追溯协会开展了追溯餐厅评级等一系列监督服务活动，促进了餐饮外卖市场的健康可持续发展。

　　如图 1-14 所示，2022 年农副食品加工业企业数量为 23593 个，比 2021 年增加了 1297 个，增幅为 5.8%，从 2018—2022 年，农副食品加工业企业数量从 25007 个减少到 23593 个，年均降幅 1.4%。这表明农副食品加工企业数量逐渐减少，行业景气度不高。2020 年受新冠疫情影响，企业数量达到近年最低，2021 年逐渐好转，企业数量逐年回升。

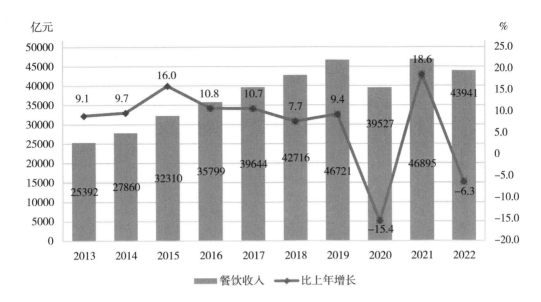

图 1-13　2013—2022 年全国餐饮收入

资料来源：中华人民共和国国家统计局。

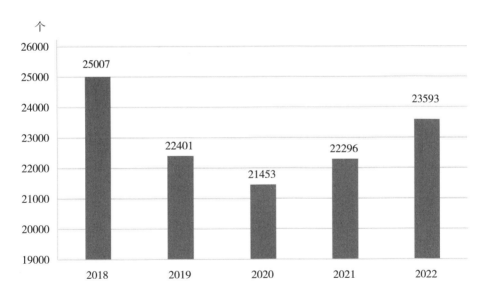

图 1-14　2018—2022 年农副食品加工业企业数量

资料来源：中商产业研究院。

　　如图 1-15 所示，2022 年农副食品加工业存货为 6545.5 亿元，比 2021 年增加了772.9 亿元，增幅为 13.4%，2018—2022 年，农副食品加工业存货从 4948.3 亿元增加到6545.5 亿元，年均增幅 7.2%。2022 年农副食品加工业产成品为 2700.9 亿元，比 2021 年增加了 300.6 亿元，增幅为 12.5%，2018—2022 年，农副食品加工业产成品从 2021.5 亿元增加到 2700.9 亿元，年均增幅 7.5%。

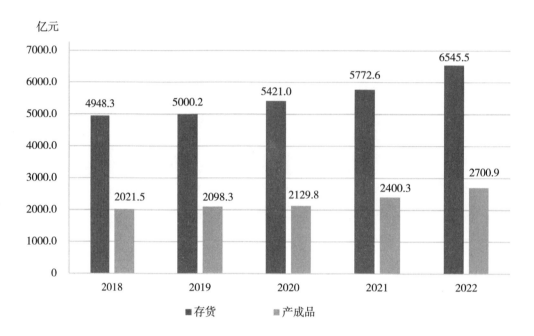

图 1-15 2018—2022 年农副食品加工业存货和产成品数量

资料来源：中商产业研究院。

如图 1-16 所示，2022 年农副食品加工业资产为 35943.9 亿元，比 2021 年增加了 3222.3 亿元，增幅为 9.8%；2018—2022 年，农副食品加工业资产从 30808.6 亿元增加到 35943.9 亿元，年均增幅 3.9%。2022 年农副食品加工业产负债为 21540.8 亿元，比 2021 年增加了 2476.6 亿元，增幅为 13.0%，2018—2022 年，农副食品加工业负债从 16845.9 亿元增加到 21540.8 亿元，年均增幅 6.3%。

如图 1-17 所示，2022 年农副食品加工业利润总额为 1901.1 亿元，比 2021 年增加了 11.2 亿元，增幅为 0.6%；2018—2022 年，农副食品加工业利润总额从 2124.4 亿元降到 1901.1 亿元，年均降幅 2.7%。行业盈利能力逐渐减弱。

如图 1-18 所示，2022 年农副食品加工业销售费用为 1083.4 亿元，比 2021 年降低了 22.6 亿元，降幅为 2.0%，2018—2022 年，农副食品加工业销售费用从 1172.1 亿元降到 1083.4 亿元，年平均降幅 1.9%；2022 年农副食品加工业管理费用为 1140.7 亿元，比 2021 年增加了 24.9 亿元，增幅为 2.2%，2018—2022 年，农副食品加工业管理费用从 1182.2 亿元降到 1140.7 亿元，年平均降幅 0.9%；2022 年农副食品加工业财务费用为 367.0 亿元，比 2021 年增加了 7.8 亿元，增幅为 2.2%，2018—2022 年，农副食品加工业

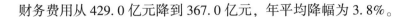

财务费用从 429.0 亿元降到 367.0 亿元，年平均降幅为 3.8%。

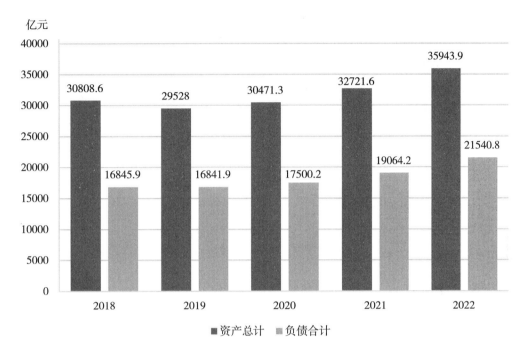

图 1-16 2018—2022 年农副食品加工业资产与负债

资料来源：中商产业研究院。

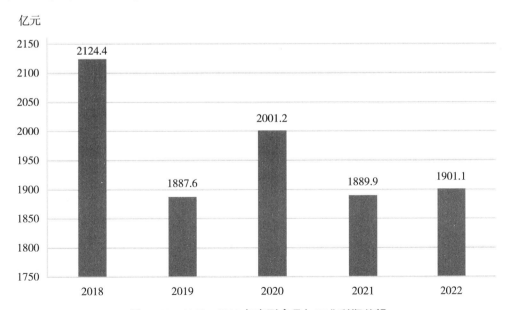

图 1-17 2018—2022 年农副食品加工业利润总额

资料来源：中商产业研究院。

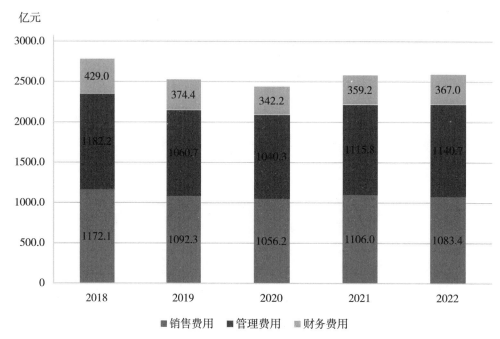

图 1-18 2018—2022 年农副食品加工业销售费用、管理费用和财务费用

资料来源：中商产业研究院。

如图 1-19 所示，2022 年食品制造业企业数量为 9119 个，比 2021 年增加了 623 个，增幅为 7.3%，2018—2022 年，农副食品加工业企业数量从 8981 增加到 9119 个，年平均增幅为 0.4%。

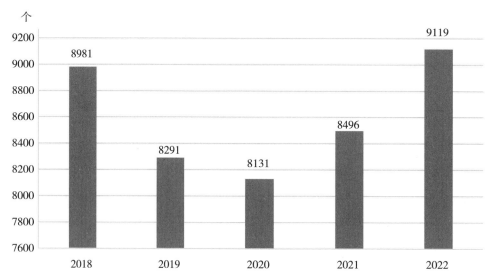

图 1-19 2018—2022 年食品制造业企业数量

资料来源：中商产业研究院。

如图 1-20 所示，2022 年食品制造业存货为 2471.6 亿元，比 2021 年增加了 328.4 亿元，增幅为 15.3%，2018—2022 年，食品制造业存货从 1742.4 亿元增加到 2471.6 亿元，年平均增幅为 9.1%。2022 年食品制造业产成品为 1000.3 亿元，比 2021 年增加了 120.7 亿元，增幅为 13.7%，2018—2022 年，食品制造业产成品从 747.3 亿元增加到 1000.3 亿元，年平均增幅为 7.6%。

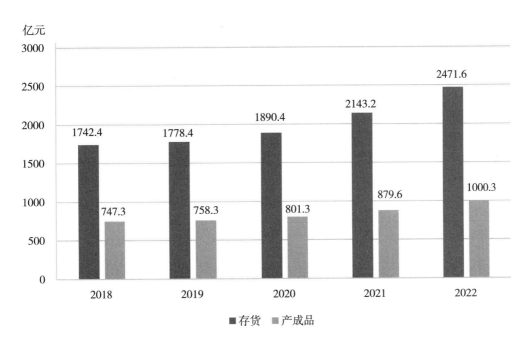

图 1-20　2018—2022 年食品制造业存货和产成品

资料来源：中商产业研究院。

如图 1-21 所示，2022 年食品制造业资产为 21304.3 亿元，比 2021 年增加了 2456.5 亿元，增幅为 13.0%，2018—2022 年，食品制造业资产从 15641.9 亿元增加到 21304.3 亿元，年平均增幅为 13.0%。2022 年食品制造业负债为 10883.9 亿元，比 2021 年增加了 1652.2 亿元，增幅为 17.9%，2018—2022 年，食品制造业负债从 7180.8 亿元增加到 10883.9 亿元，年平均增幅为 11.0%。

如图 1-22 所示，2022 年食品制造业利润总额为 1797.9 亿元，比 2021 年增加了 144.4 亿元，增幅为 8.7%，2018—2022 年，食品制造业利润总额从 1552.2 亿元增加到 1797.9 亿元，年平均增幅为 3.7%。

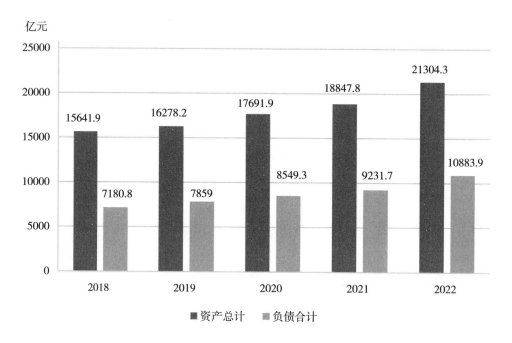

图 1-21 2018—2022 年食品制造业资产与负债

资料来源：中商产业研究院。

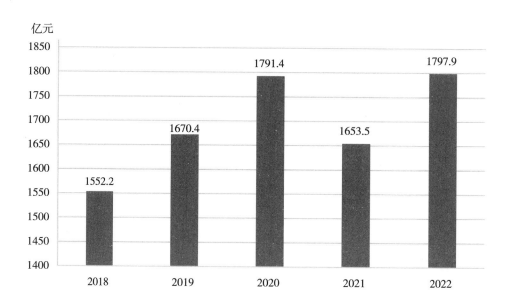

图 1-22 2018—2022 年食品制造业利润总额

资料来源：中商产业研究院。

如图 1-23 所示，2022 年食品制造业销售费用为 1722.2 亿元，比 2021 年减少了 46.2 亿元，降幅为 2.6%，2018—2022 年，食品制造业销售费用从 1548.9 亿元增加到 1722.2 亿元，年平均增幅 2.7%；2022 年食品制造业管理费用为 933.3 亿元，比 2021 年增加了 58.5 亿元，增幅为 6.7%，2018—2022 年，食品制造业管理费用从 823.2 亿元增加到 933.3 亿元，年平均增幅 3.2%；2022 年食品制造业财务费用为 63.5 亿元，比 2021 年减少了 34.7 亿元，降幅为 35.3%，2018—2022 年，食品制造业财务费用从 119 亿元降到 63.5 亿元，年平均降幅为 14.5%。

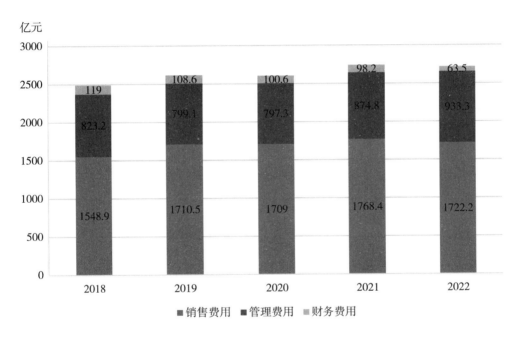

图 1-23 2018—2022 年食品制造业销售费用、管理费用和财务费用

资料来源：中商产业研究院。

如图 1-24 所示，2022 年酒、饮料和精制茶制造业企业数量为 5737 个，比 2021 年增加了 186 个，增幅为 3.4%，2018—2022 年，酒、饮料和精制茶制造业企业数量从 6805 个减少到 5737 个，年平均降幅为 4.2%。

如图 1-25 所示，2022 年酒、饮料和精制茶制造业存货为 4184.8 亿元，比 2021 年增加了 626.6 亿元，增幅为 17.6%，2018—2022 年，酒、饮料和精制茶制造业存货从 2766 亿元增加到 4184.8 亿元，年平均增幅 17.6%。2022 年酒、饮料和精制茶制造业产成品为 1249.6 亿元，比 2021 年增加了 141.6 亿元，增幅为 12.8%，2018—2022 年，酒、饮料和精制茶制造业产成品从 920 亿元增加到 1249.6 亿元，年平均增幅 8.0%。

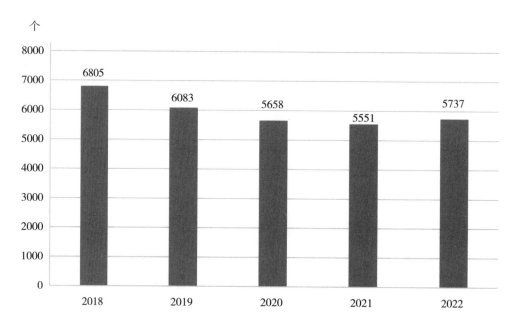

图 1-24　2018—2022 年酒、饮料和精制茶制造业企业数量

资料来源：中商产业研究院。

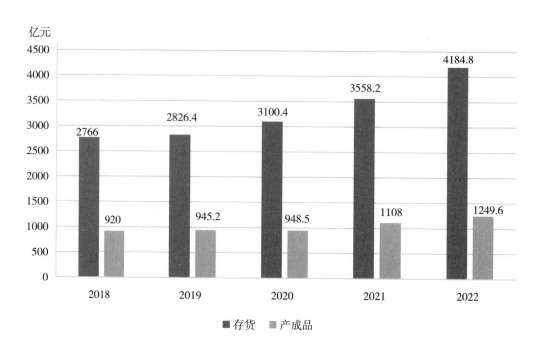

图 1-25　2018—2022 年酒、饮料和精制茶制造业存货与产成品

资料来源：中商产业研究院。

如图 1-26 所示，2022 年酒、饮料和精制茶制造业资产为 22641.5 亿元，比 2021 年增加了 2582.9 亿元，增幅为 12.9%，2018—2022 年，酒、饮料和精制茶制造业资产从 17688.7 亿元增加到 22641.5 亿元，年平均增幅 6.4%。2022 年酒、饮料和精制茶制造业负债为 9728 亿元，比 2021 年增加了 1053.8 亿元，增幅为 12.1%，2018—2022 年，酒、饮料和精制茶制造业负债从 7348.5 亿元增加到 9728 亿元，年平均增幅 6.9%。

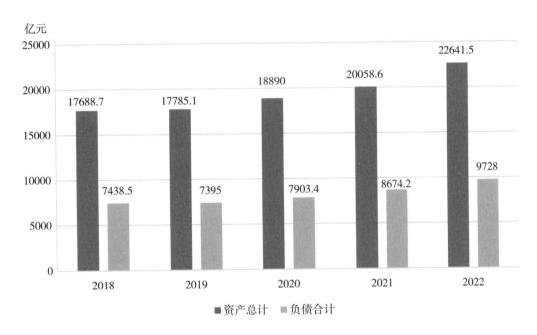

图 1-26　2018—2022 年酒、饮料和精制茶制造业资产与负债

资料来源：中商产业研究院。

如图 1-27 所示，2022 年酒、饮料和精制茶制造业利润总额为 3116.3 亿元，比 2021 年增加了 472.6 亿元，增幅为 17.9%，2018—2022 年，酒、饮料和精制茶制造业利润总额从 2094.3 亿元增长到 3116.3 亿元，年平均增幅 10.4%。

如图 1-28 所示，2022 年酒、饮料和精制茶制造业销售费用为 1252.4 亿元，比 2021 年增加了 12 亿元，增幅为 1.0%，2018—2022 年，酒、饮料和精制茶制造业销售费用从 1271.3 亿元降到 1252.4 亿元，年平均降幅 0.4%；2022 年酒、饮料和精制茶制造业管理费用为 778.6 亿元，比 2021 年增加了 15.8 亿元，增幅为 2.1%，2018—2022 年，酒、饮料和精制茶制造业管理费用从 734.9 亿元到 778.6 亿元，年平均增幅 1.5%；2022 年酒、饮料和精制茶制造业财务费用为 34.1 亿元，比 2021 年减少了 14.9 亿元，降幅为 30.4%，2018—2022 年，酒、饮料和精制茶制造业财务费用从 98.3 亿元降到 34.1 亿元，年平均降幅为 23.3%。

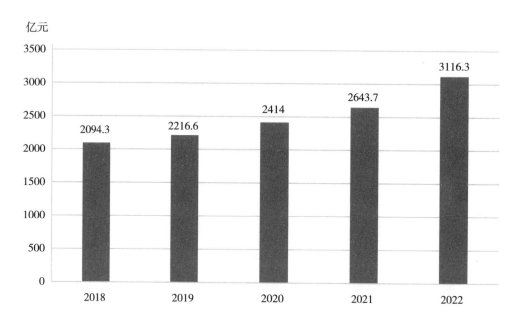

图 1-27 2018—2022 年酒、饮料和精制茶制造业利润总额

资料来源：中商产业研究院。

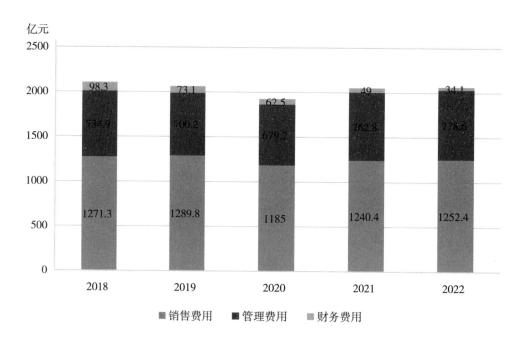

■ 销售费用　■ 管理费用　■ 财务费用

图 1-28 2018—2022 年酒、饮料和精制茶制造业销售费用、管理费用和财务费用

资料来源：中商产业研究院。

1.3 互联网络发展状况分析

如表 1-8、表 1-9 和图 1-29 所示，截至 2022 年 12 月，我国 IPv4 地址数量为 391822848 万个，比 2021 年 12 月减少 0.17%，IPv6 地址数量为 67369 块/32，比 2021 年 12 月增长了 6.85%。IPv6 活跃用户数 7.28 亿户，比 2021 年增加了 19.74%。我国域名总数为 34400483 个，比 2021 年 12 月减少了 4.26%。其中，".CN"域名总数为 20101491 个，比 2021 年 12 月减少了 1.51%，占我国域名总数的 58.43%。其他占比较高的域名有 .COM（占比 26.22%）、中国（占比 2.22%）、NewgTLD（占比 10.96%）、.NET（占比 0.54%），其他域名如 .ORG、.INFO、.BIZ 的占比均小于 0.2%。

表 1-8　2021—2022 年互联网基础资源对比表

资源名称	2021 年 12 月	2022 年 12 月	增长量	增长率（%）
IPv4（个）	392486656	391822848	-663808	-0.17
IPv6（块/32）	63052	67369	4317	6.85
IPv6 活跃用户数（亿）	6.08	7.28	1.2	19.74
域名（个）	35931063	34400483	-1530580	-4.26
其中".CN"域名（个）	20410139	20101491	-308648	-1.51
移动电话基站（万个）	996	1083	87	8.73
互联网宽带接入端口（亿个）	10.18	10.71	0.53	5.21
光缆线路长度（万公里）	5488	5958	470	8.56

资料来源：2023 年 3 月第 51 次中国互联网络发展状况统计报告。

表 1-9　2021—2022 年中国互联网分类域名数

域名	截至 2021 年 12 月		截至 2022 年 12 月	
	数量（个）	占比（%）	数量（个）	占比（%）
.CN	20410139	56.8	20101491	58.4
.COM	10649851	29.6	9019281	26.2
.中国	207771	0.6	185576	0.5
.NET	869686	2.4%	762969	2.2
.ORG	61489	0.2	39668	0.1
.INFO	30220	0.1%	40614	0.1
.BIZ	20722	0.1	20253	0.1
NewgTLD	3615751	10.1	3769824	11.0

域名	截至 2021 年 12 月		截至 2022 年 12 月	
	数量（个）	占比（%）	数量（个）	占比（%）
其他	65434	0.2	460807	1.3
合计	35931063	100.0	34400483	100.00

资料来源：2023 年 3 月第 51 次中国互联网络发展状况统计报告。

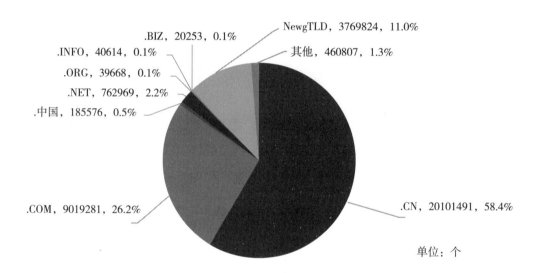

图 1-29　截至 2022 年 12 月中国互联网分类域名结构

资料来源：2023 年 3 月第 51 次中国互联网络发展状况统计报告。

如图 1-30、图 1-31 所示，近年来我国 IPv6 地址数量呈现快速增长，从 2018 年 12 月的 43985 块/32 增长到 2022 年 12 月的 67369 块/32，年平均增幅达到了 11.25%。相比之下，IPv4 地址数量保持了稳定，从 2018 年 12 月到 2022 年 12 月，仅增加了 598 万个，年均增长率仅为 0.39%。

如图 1-32 所示，截至 2022 年，我国网站数量 387 万个，较 2021 年减少 31 万个，降幅为 7.4%。2018—2022 年，我国网站数量总体呈现下降的趋势，从 2018 年的 523 万个降低到 2022 的 387 万个，年平均降幅为 7.3%，呈逐渐下降趋势。

如图 1-33 所示，截至 2022 年，我国“.CN”网站数量为 224 万个，较 2021 年降低 48 万个，降幅达 17.6%。2018—2022 年，我国“.CN”网站数量呈现先上涨后下降的态势，到 2019 年达到最高值 341 万个。从 2018 年的 326 万个下降到 2022 年的 224 万个，年平均降低 9.0%。这表明随着我国互联网从快速增长逐渐向稳定阶段过渡，网站数量也趋于稳定。随着国内互联网行业竞争的日益加剧，许多中文域名网站诞生的同时部分中文域名也在退出市场，中文域名数量呈现减少趋势。

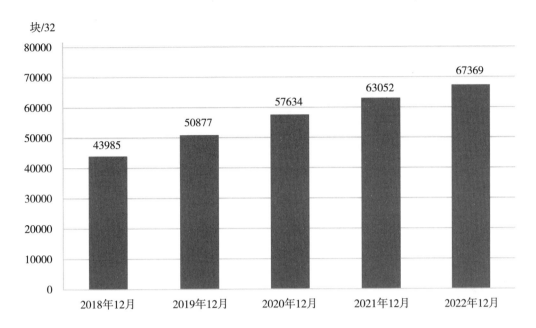

图 1-30　截至 2022 年 12 月我国 IPv6 地址数量

资料来源：2023 年 3 月第 51 次中国互联网络发展状况统计报告。

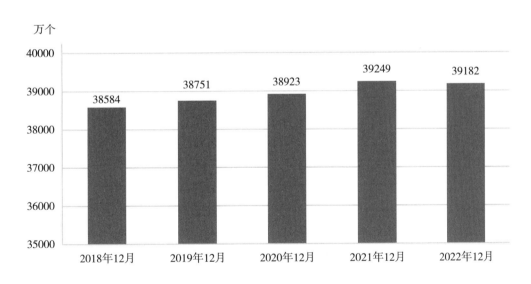

图 1-31　截至 2022 年 12 月我国 IPv4 地址数量

资料来源：2023 年 3 月第 51 次中国互联网络发展状况统计报告。

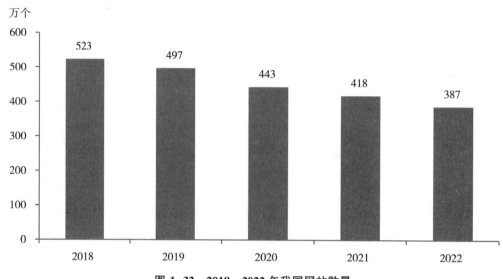

图 1-32　2018—2022 年我国网站数量

注：网站数量不包含 ".EDU.CN" 网站。

资料来源：2023 年 3 月第 51 次中国互联网络发展状况统计报告。

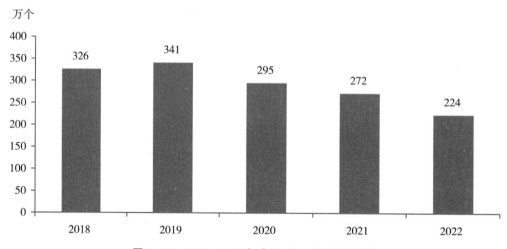

图 1-33　2018—2022 年我国 ".CN" 网站数量

资料来源：2023 年 3 月第 51 次中国互联网络发展状况统计报告。

　　如图 1-34 所示，2022 年，我国移动互联网接入流量为 2618 亿 GB，同比 2021 年增长 18.1%。2018—2022 年，我国移动互联网接入流量呈现快速上涨趋势，从 2018 年的 711.1 亿 GB 增长到 2022 年的 2618 亿 GB，年平均增幅达 38.5%。2022 年移动互联网接入流量是 2018 年的 3.7 倍。移动互联网接入流量的快速增长，其应用场景遍布工业和民用领域，产生了大量新兴的应用场景，有力推动了我国移动互联网的发展。

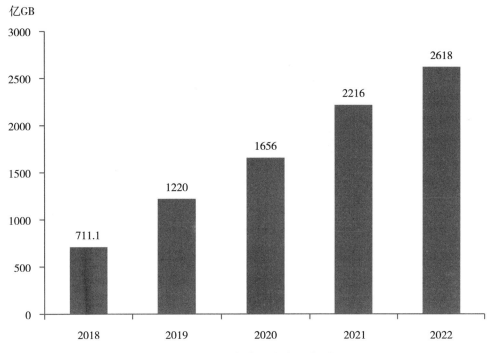

图1-34 2018—2022年我国移动互联网接入流量

资料来源：2023年3月第51次中国互联网络发展状况统计报告。

如图1-35所示，截至2022年12月，我国网民使用手机上网的比例达99.8%。网民使用台式电脑、笔记本电脑、电视和平板电脑上网的比例分别为34.2%、32.8%、25.9%和28.5%。

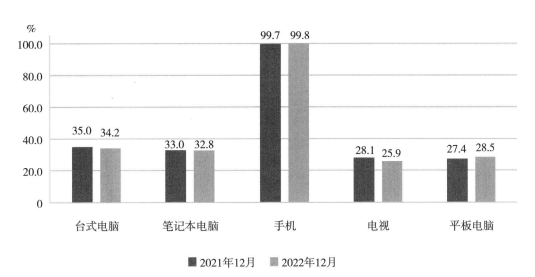

图1-35 2021—2022年互联网络接入设备使用情况

资料来源：2023年3月第51次中国互联网络发展状况统计报告。

如图 1-36 所示，截至 2022 年 12 月，我国网民的人均每周上网时长为 26.7 小时，较 2021 年 12 月减少了 1.8 个小时，降幅为 6.3%。

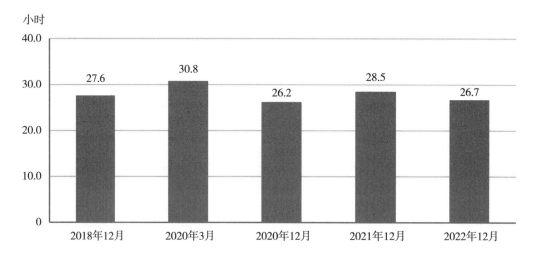

图 1-36　2018—2022 年网民平均每周上网时长

资料来源：2023 年 3 月第 51 次中国互联网络发展状况统计报告。

如图 1-37 所示，截至 2022 年 12 月，100Mbps 及以上接入速率的固定互联网宽带接入用户数占固定宽带用户总数的 93.9%，比上一年同期提高了 0.9 个百分点。

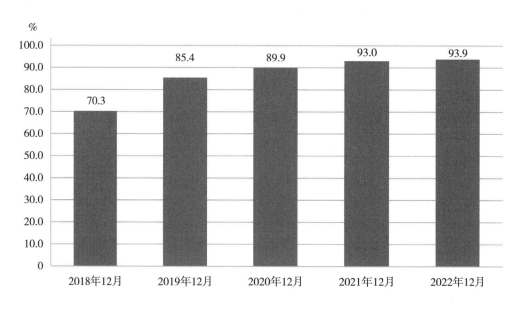

图 1-37　2018—2022 年 100Mbps 宽带用户占比

资料来源：2023 年 3 月第 51 次中国互联网络发展状况统计报告。

如图 1-38 所示，截至 2022 年 12 月，光纤线路长度达 5958 万公里，是 2018 年 12 月的 1.37 倍。使用光纤方式接入网络，不仅大大提升了网络速度，网络稳定性也显著增强，为用户长时间地使用各种智能手机的 App 提供了技术保障。

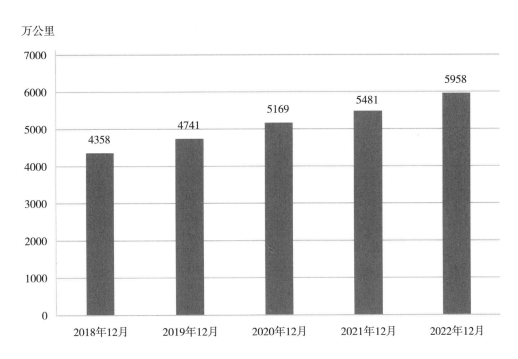

图 1-38 2018—2022 年光纤线路长度
资料来源：2023 年 3 月第 51 次中国互联网络发展状况统计报告。

如图 1-39 所示，截至 2022 年 12 月，三家基础电信企业发展蜂窝物联网终端用户 18.45 亿户，较 2021 年底增加 4.47 亿户，增幅为 32.0%。

如图 1-40 所示，截至 2022 年 12 月，我国网民规模为 106744 万人，较 2021 年 12 月新增网民 3549 万人，增幅 3.4%，互联网普及率达 75.6%，较 2021 年 12 月提升 2.6 个百分点。我国网民规模继续保持稳步增长，从 2018 年 12 月的 82851 万人增长到 2022 年 12 月的 106744 万人，年平均增幅达 6.5%。截至 2022 年 12 月，我国网民数量是 2018 年 12 月的 1.3 倍。同时，我国互联网普及率稳定增长，从 2018 年 12 月的 59.6% 稳步增加到 2022 年 12 月的 75.6%，年平均增幅达 6.1%。截至 2022 年 12 月，我国互联网普及率达 2018 年 12 月的 1.3 倍。

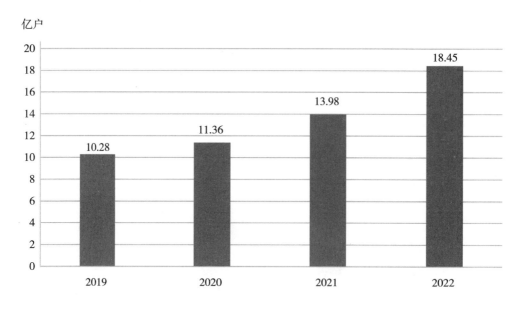

图 1-39   2019—2022 年蜂窝物联网终端用户

资料来源：2023 年 3 月第 51 次中国互联网络发展状况统计报告。

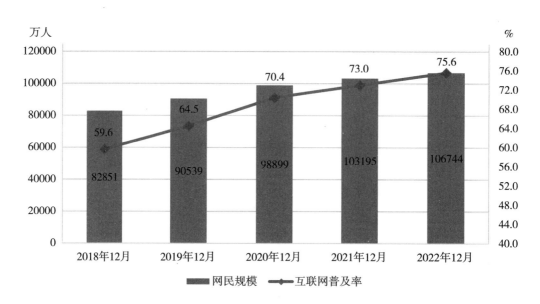

图 1-40   2018—2022 年我国网民规模及互联网普及率

资料来源：2023 年 3 月第 51 次中国互联网络发展状况统计报告。

如图 1-41 所示，截至 2022 年 12 月，我国手机网民规模为 106510 万人，较 2021 年 12 月新增手机网民 3636 万人，增幅达 3.5%。网民中使用手机上网的比例为 99.8%。从 2018 年 12 月到 2022 年 12 月，我国手机网民规模稳步增长，从 2018 年 12 月的 81698 万人增长到 2022 年 12 月的 106510 万人，年平均增幅达 6.9%。截至 2022 年 12 月，我国手机网民规模是 2018 年 12 月的 1.3 倍。同时，我国手机网民占总体网民比例也缓慢增长，从 2018 年 12 月的 98.6% 增加到 2022 年 12 月的 99.8%，年平均增幅达 0.3%。截至 2022 年 12 月，我国手机网民占总体网民比例比 2018 年 12 月增长了 1.2 个百分点。

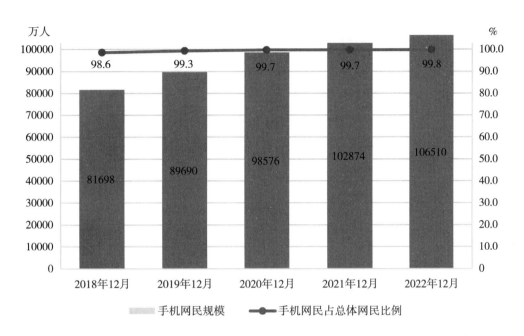

图 1-41　2018—2022 年我国手机网民规模及其占总体网民比例

资料来源：2023 年 3 月第 51 次中国互联网络发展状况统计报告。

2022 年，我国网民用网环境持续改善，用网体验不断提升，信息无障碍服务日趋完善，推动互联网从接入普及向高质量发展迈进。一是截至 2022 年 12 月，已建成具备千兆网络服务能力的 10G PON 端口数达 1523 万个。二是截至 2022 年 12 月，万物互联基础不断夯实，蜂窝物联网终端应用于公共服务、车联网、智慧零售、智慧家居等领域的规模分别达 4.96 亿、3.75 亿、2.5 亿和 1.92 亿户。三是截至 2022 年 12 月，组织 648 家网站和 App 完成适老化改造。四是截至 2022 年 12 月，40.7% 的网民初步掌握数字化初级技能；47.0% 的网民熟练掌握数字化初级技能；27.1% 的网民初步掌握数字化中级技能；31.2% 的网民熟练掌握数字化中级技能。

如图 1-42 所示，截至 2022 年 12 月，我国农村网民规模为 3.08 亿人，占网民整体的 28.9%；城镇网民规模为 7.59 亿人，占网民整体的 71.1%。农村地区人群上网比例仍然较低，网络基础设施落后、使用技能缺乏和文化程度限制是农村地区网络普及率不高的主要原因。

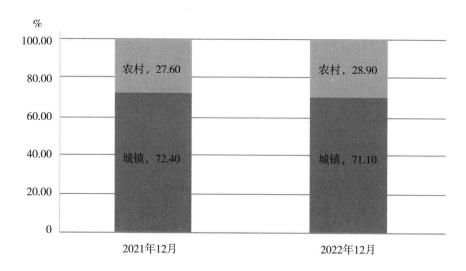

图 1-42　2021—2022 年网民城乡结构

资料来源：2023 年 3 月第 51 次中国互联网络发展状况统计报告。

如图 1-43 所示，截至 2022 年 12 月，我国城镇地区互联网普及率为 83.1%，较 2021 年 12 月提升了 1.8 个百分点；农村地区互联网普及率为 61.9%，较 2021 年 12 月提升了 4.3 个百分点。城乡地区互联网普及率差异较 2021 年 12 月缩小 2.5 个百分点。

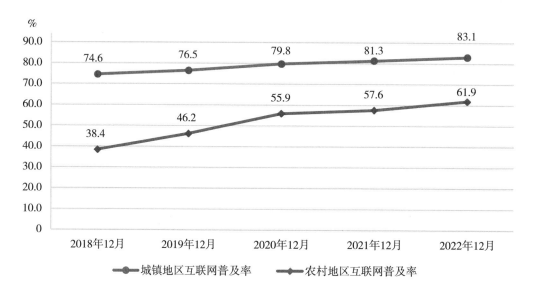

图 1-43　2018—2022 年城乡互联网普及率

资料来源：2023 年 3 月第 51 次中国互联网络发展状况统计报告。

作为实现乡村振兴目标的重要抓手，互联网持续助力农业农村发展。一是截至 2022 年 12 月，全国农村宽带用户总数达 1.76 亿户，全年净增 1862 万户，增速较城市宽带用户高出 2.5 个百分点。二是智能农机、自动化育秧等数字技术与农业生产融合应用日益普及，进一步提升生产效率。三是截至 2022 年 12 月，农村网民群体短视频使用率已超过城镇网民 0.3 个百分点，农村地区在线教育和互联网医疗用户占农村网民规模比例分别为 31.8% 和 21.5%，较上年分别增长了 2.7 个和 4.1 个百分点。

截至 2022 年 12 月，我国非网民规模为 3.44 亿人，较 2021 年 12 月减少 3722 万人。截至 2022 年 12 月，我国 60 岁及以上非网民群体占非网民总体的比例为 37.4%。如图 1-44 所示，非网民认为不上网带来的各类生活不便中，"无法现金支付"排第一，占非网民的 19.0%；第二是"无法及时获取信息"，占非网民的 17.1%；第三是"买不到票，挂不上号"，占非网民的 16.1%，最后是"线下服务网点减少，办事难"，占非网民的 15.6%。

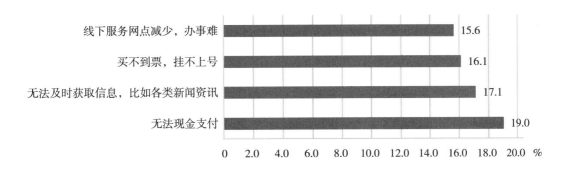

图 1-44　非网民认为不上网带来的生活不便

资料来源：2023 年 3 月第 51 次中国互联网络发展状况统计报告。

如图 1-45 所示，因为不懂电脑/网络技能和不懂拼音等文化程度限制而不上网的非网民占比分别为 58.2% 和 26.7%；因为年龄太小/太大而不上网的非网民占比为 23.8%；因为没有电脑等上网设备而不上网的非网民占比为 13.6%；因为不需要或不感兴趣和没时间上网的比例分别为 13.4% 和 9.8%。

如图 1-46 所示，促进非网民上网的首要因素是方便获取专业信息，占比为 25.7%，其次是方便与家人或亲属的沟通联系，占比为 25.2%；最后是提供可以无障碍使用的上网设备，占比为 23.5%。

综上，我国网民增长仍具有较大的发展空间。我们需要通过进一步提升互联网基础设施水平，提升非网民的文化教育水平和数字技术的使用技能，开发更多智能化、人性化适老产品和服务，提升网络服务的便利化水平等多种方式，助力非网民群体共享数字时代的巨大红利。

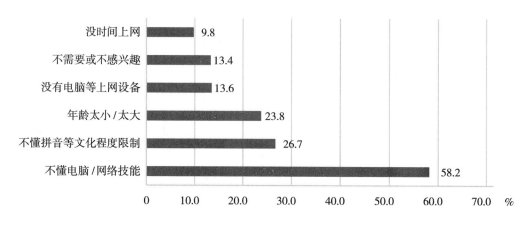

图1-45 非网民不上网的原因

资料来源：2023年3月第51次中国互联网络发展状况统计报告。

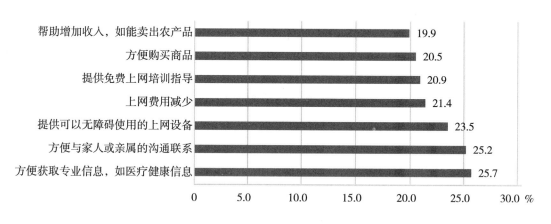

图1-46 非网民上网促进因素

资料来源：2023年3月第51次中国互联网络发展状况统计报告。

如图1-47所示，截至2022年12月，我国即时通信用户规模达103807万人，较2021年12月增长3141万人，占网民整体的97.2%。从2018年12月到2022年12月，即时通信用户规模稳步增长，从2018年12月的79712万人增长到2022年12月的103807万人，使用率也稳定在95%以上。

即时通信行业在2022年依然保持了整体平稳的发展态势。在企业端，一是以钉钉、飞书为代表的企业即时通信产品目前均已将办公协作和组织管理作为两大主要服务模块。二是企业即时通信对大型机构的渗透水平进一步提升。腾讯已经支持客户在私有云上集成和部署腾讯的公有云产品，从而满足了银行、政务等行业对安全与合规方面的需求，钉钉也对外阐释了大客户战略。在个人端，一是丰富广告形式，拓宽收入来源；二是推进功能迭代，加码视频内容。

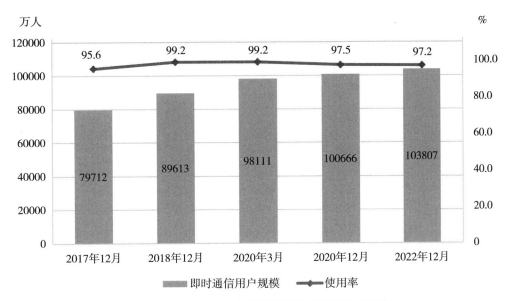

图 1-47　2018—2022 年及时通信用户规模及使用率

资料来源：2023 年 3 月第 51 次中国互联网络发展状况统计报告。

　　如图 1-48 所示，截至 2022 年 12 月，我国网络新闻用户规模达 78325 万人，较 2021 年 12 月增加 1216 万人，占网民的 73.4%。从 2018 年 12 月到 2022 年 12 月，网络新闻用户规模有所提高，从 2018 年 12 月的 67473 万人增加到 2022 年 12 月的 78325 万人。但使用率逐渐下降，从 2018 年 12 月的 81.4% 降低到 2022 年 12 月的 73.4%，降低了 8.0 个百分点。

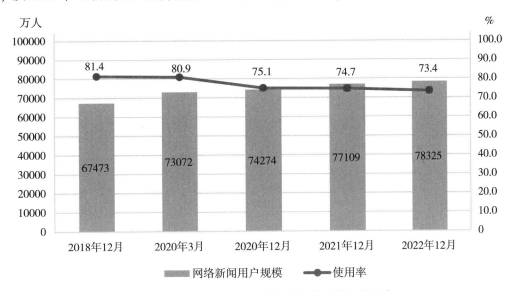

图 1-48　2018—2022 年网络新闻用户规模及使用率

资料来源：2023 年 3 月第 51 次中国互联网络发展状况统计报告。

2022 年，网络新闻行业围绕重点新闻事件开展宣传报道，提升人民群众对国际国内重大事件的理解认知。与此同时，新闻信息获取渠道更加多元，短视频、生活平台已成为网民在"两微一端"之外获取新闻信息的重要渠道。同时，抖音、快手、小红书等应用逐渐从娱乐、生活、社交平台转变为具有新闻属性的信息平台，成为网民获取新闻信息的重要渠道。

如图 1-49 所示，截至 2022 年 12 月，我国网络购物用户规模达 84529 万人，较 2021 年 12 月增长 319 万人，占网民的 79.2%。从 2018 年 12 月到 2022 年 12 月，网络购物用户规模稳步增长，从 61011 万人增长到 84529 万人。使用率也稳步增长，从 2018 年 12 月的 73.6% 增长到 2022 年 12 月的 79.2%，提高了 5.6 个百分点。

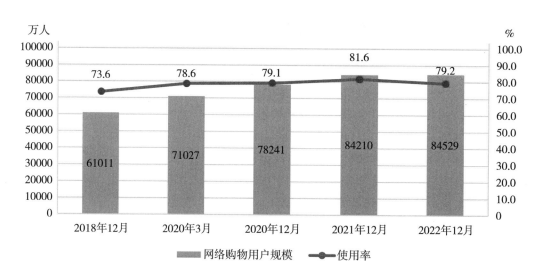

图 1-49　2018—2022 年网络购物用户规模及使用率

资料来源：2023 年 3 月第 51 次中国互联网络发展状况统计报告。

2022 年，网络零售继续保持较快增长，成为推动消费扩容的重要力量。2021 年，网上零售额达 13.1 万亿元，同比增长 14.1%，其中实物商品网上零售额占社会消费品零售总额比重达 24.5%。网络零售作为打通生产和消费、线上和线下、城市和乡村、国内和国际的关键环节，在构建新发展格局中不断发挥积极作用。

如图 1-50 所示，截至 2022 年 12 月，我国网上外卖用户规模达 52116 万人，比 2021 年 12 月减少了 2300 万人，占网民的 48.8%。从 2018 年 12 月到 2022 年 12 月，网上外卖用户规模快速增长，从 2018 年 12 月的 40601 万人增长到 2022 年 12 月的 52116 万人，增加了 11515 万人，年平均增幅达到 6.4%。网络购物的使用率保持在 50% 左右。从 2021—2022 年的数据来看，受新冠疫情影响，网上外卖规模有所下降。

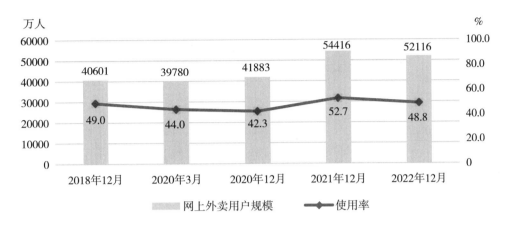

图 1-50　2018—2022 年网上外卖用户规模及使用率

资料来源：2023 年 3 月第 51 次中国互联网络发展状况统计报告。

网上外卖行业稳定发展，一是网上外卖行业营收保持上涨势头，二是网上外卖平台服务能力持续增强。在消费者端，网上外卖平台通过优化营销策略、精细化运营和多样化的活动，有效满足更多不同场景下的用户需求，推动平台用户黏性持续增长。在商户端，网上外卖平台拓展早餐、下午茶、夜宵等多品类业务，并不断迭代营销工具帮助商家吸引并留存客户、提升运营效率，进而推动餐饮行业的数字化转型。

如图 1-51 所示，截至 2022 年 12 月，我国网络支付用户规模达 91144 万人，比 2021 年 12 月增长了 781 万人，占网民的 85.4%。从 2018 年 12 月到 2022 年 12 月，网络支付用户规模从 60040 万人增长到 91144 万人，增加了 31104 万人，年平均增幅 11.0%。网络支付的使用率也稳定保持在 85% 左右。

2022 年，我国网络支付体系运行平稳，业务稳中有升。网络支付服务不断求创新、拓场景、惠民生，有力支持了经济社会发展。一是网络支付适老化改造持续推进，数字鸿沟进一步弥合；二是各大支付机构持续落实降费让利举措，为小微企业纾困减负；三是数字人民币试点应用和场景建设顺利推进，服务持续升级。

如图 1-52 所示，截至 2022 年 12 月，我国在网络视频（含短视频）用户规模达 103057 万人，占网民的 96.5%，比 2021 年 12 月增加了 5586 万人。从 2018 年 12 月到 2022 年 12 月，网络视频规模较快增长，从 2018 年 12 月的 72486 万人增长到 2022 年 12 月的 103057 万人，增加了 30571 万人，年平均增幅 9.2%。网络视频的使用率也稳步增长，从 2018 年 12 月的 87.5% 增长到 2022 年 12 月的 96.5%，提高了 9.0 个百分点，年平均增幅达到 2.6%。

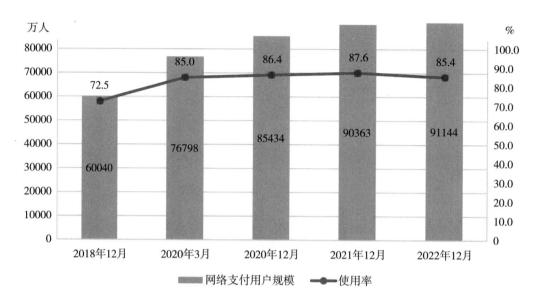

图 1-51　2018—2022 年网络支付用户规模及使用率

资料来源：2023 年 3 月第 51 次中国互联网络发展状况统计报告。

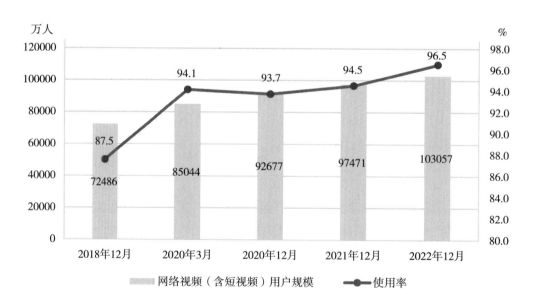

图 1-52　2018—2021 年网络视频用户规模及使用率

资料来源：2023 年 3 月第 51 次中国互联网络发展状况统计报告。

网络视听平台不断推出高质量节目，努力讲好新时代故事。一是通过多种形态的网络视听节目全力展现新时代历史性成就；二是持续推出更多好节目、好作品，讲好新时代故事。

如图 1-53 所示, 2022 年中国网上零售额达到 137853 万元。从 2018 年到 2022 年, 我国网上零售额规模持续增长, 从 90065 万元增长到 2022 年的 137853 万元, 年均增幅 11.5%。

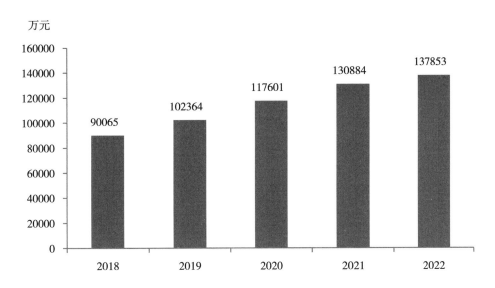

图 1-53 2018—2022 年中国网上零售额

资料来源：中华人民共和国国家统计局。

专题研究篇

2

食品追溯供应市场研究

2.1 研究背景及意义

2.1.1 研究背景

"民以食为天，食以安为先。"食品安全问题仍是当今社会最为关注的问题之一，近年来不断有主流媒体报道食品安全事件。数据表明，2016 年，被报道的食品安全事件高达 18614 件，虽然与 2015 年相比直线下滑，但是数量仍然较为庞大，处于高发阶段。在这些食品安全事件中，食品生产和加工环节的发生量占比较高，为 66.91%，这表示我国食品供应链中食品生产加工环节的风险最高。另外，消费环节的风险也较高，而流通与初级农产品生产环节的风险均较低。

此外，在初级农产品生产环节、养殖环节爆发的食品安全事件要明显多于农作物种植环节，这意味着我国有必要加大对畜牧业的监管，控制好畜牧业产品生产源头，规避风险的发生。表 2-1 列举了 2013—2017 年具有代表性的食品质量安全事件。

表 2-1 2013—2017 年具有代表性的食品质量安全事件

事件	发生时间	主要危害
山东毒生姜	2013 年	主要运用硫黄熏制生姜，使其外表更加光鲜。这种方法使得生产的生姜具有强烈的毒性，如果长期使用，不仅会影响肠胃功能，出现头晕等不良现状，同时还会造成肾、脾胃的衰竭。

续表

事件	发生时间	主要危害
日本核污染食品事件	2017 年	根据深圳市稽查局统计，国内涉嫌销售日本核污染食品的商家高达 1.3 万家，品牌涉及卡乐比麦片等备受消费者欢迎的食品品牌，而这些被污染的食品一旦进入人体，将会带来一系列伤害。
天津独流调料造假事件	2017 年	天津静海区独流镇制售假冒品牌调料，这些调味品流向全国各地。长期使用，对人体百害而无一利。

总结分析近年来我国发生的食品安全事件，可以看出食品安全事件会严重危害人们的身体健康，甚至会危及人们的生命。食品安全危害的类型主要归为 3 类，包括生物危害、化学危害、物理危害。

（1）生物危害。常见的生物危害包括细菌、病毒、寄生虫以及霉菌。细菌的种类十分多样，食品中细菌会引起食品腐败变质或引起食源性疾病。病毒非常微小，病毒对食品的污染一旦发生，产生的后果将非常严重。寄生虫也是危害人体健康的重要因素，消费者食用了含有寄生虫的畜禽和水产品后，就可能感染寄生虫。霉菌可以破坏食品的品质，有的产生毒素，造成严重的食品安全问题。例如，黄曲霉毒素可以导致肝损伤，是一种剧毒的致肝癌物质。

（2）化学危害。常见的化学危害主要有重金属、自然毒素、农用化学药物、洗消剂。重金属，如汞、镉等，都会给人们的食品安全造成危害。许多食品含有自然毒素，例如，发芽的马铃薯中含有大量的龙葵毒素，可引起中毒或致人死亡。在植物的种植生长过程中，农民会使用一些农药，这些农用化学药物也可能给食物带来危害。洗消剂也会给人们的食品安全造成危害。例如，有些餐馆使用洗衣粉清洗餐具，洗衣粉中的有毒物会污染食品及餐具。

（3）物理危害。物理危害包括碎骨头、碎石头及蟑螂等昆虫的残体。物理危害不仅会给食品造成污染，而且也会损坏消费者的健康。

食品安全危害给人们的生产生活造成很多不良影响，严重的还会给人们带来生命危险。造成食品安全危害的原因有很多，食品卫生监督管理的力度不够，监督管理的措施不够完善等都会造成食品安全危害。

造成食品安全危害的因素很多，其中很大一部分原因是当前的一些机器设备无法进行检测。机器设备没有得到及时更新时，在检测食品安全问题上很容易出现失误和纰漏，从而会给人们的健康带来一定危害。

造成食品安全危害的一个很重要的原因在于生产出来的食品本身就存在安全隐患。有一些食品生产人员利欲熏心，道德败坏，在生产食品的过程中，为了谋取更多经济利益，不惜偷换材料，在食品中加入过量的添加剂、防腐剂等国家禁止的化学物质，以此来代替本来应该加入的食品原料。还有一些食品生产者为了节约成本，不惜将垃圾提炼成食品，蒙蔽大众，危害人们的生命健康，最典型的就是食品生产者用地沟油来冒充食用油，由于这种冒充欺骗的做法比较隐蔽，不易被人们发觉，所以给了许多食品生产者可乘之机，进而给广大人民群众的生命造成严重危害。

除了食品的生产环节，在食品流通过程中，还有一个比较重要的环节，那就是食品的销售环节。由于许多食品销售者缺乏食品安全意识，忽视食品的安全性，导致在销售过程中很容易造成食品安全问题。例如，很多销售食品的商店由于不经常检查食品的生产日期，因此，会出现销售过期食品给人们带来危害的情形。

基于食品安全危害带来的可怕影响，世界各国为应对食品安全问题，降低食品供应链安全风险，相继采取了一系列措施来保障食品安全。其中，食品可追溯体系作为实现食品生产过程透明化的工具，将食品链全过程的信息串联起来进行监控，实现了"来源可溯、去向可查、责任可究"，建设加持食品追溯系统的食品供应链是实现食品质量安全管理与控制供应链安全风险的重要手段。

2.1.2　食品追溯的意义

（1）对消费者的意义

1）买得放心，吃得安心；

2）提供举报和投诉的平台；

3）足不出户，好物到家。

（2）对农产品企业的意义

1）保护品牌形象，为品牌价值护航；

2）大数据分析，精准营销，有的放矢；

3）多元化互动，提升品牌的亲和力；

4）保护企业信息安全；

5）责任追踪到人。

（3）对食品安全监管部门及政府的意义

1）提高公信力；

2）提高办事效率；

3）便于质量安全监管。

2.2　追溯技术在食品中的应用

目前，主要的食品溯源技术包括：纸质台账溯源、电子信息编码技术、生物技术、超微分析技术。电子编码技术主要包括条形码技术和 FRID 技术。生物技术主要指 DNA 溯源技术，即利用生物 DNA 序列的唯一性来鉴别食物来源，DNA 溯源技术精度高、效果好，但需要建立巨大的 DNA 数据库，耗资巨大。超微分析技术是通过从微观层面分析食品的元素含量或有机成分组成对食品溯源提供依据，主要包括同位素分析技术和近红外光谱分析技术。食品溯源技术按照应用原理特点又可以分为物理技术溯源、化学技术溯源和生物技术溯源。

2.2.1 物理技术溯源

（1）近红外光谱分析技术溯源

近红外光谱分析技术是通过采集被分析物的光谱信息并对其进行建模，来分析测试样品的有机物组成及其各成分含量的一种间接测量技术。同一种食品由于产地不同，其有机成分会存在一定差异，应用近红外光谱对其成分分析可以判定其产地，达到食品溯源的目的。近红外光谱分析具有快速、高效、低成本等众多优点，因此受到众多学者关注。

（2）条形码技术溯源

条形码技术溯源是通过条形码所包含的物品信息实现溯源功能，通过对条形码的编写可以将产品种类、生产日期、加工方式等信息包含进去。条形码的编写方式有多种，通常采用 EAN/UCC-128 码，该编码方式具有密度等级高、无须向特定机构申请、无使用费等优点，因此在国际上得到广泛应用。欧盟在牛肉溯源领域较早使用条形码技术，通过采用 EAN·UCC 标志系统，将牛肉产品的产地信息（国家、饲养场等）、分割信息、销售信息等编入条形码，实现了牛肉的可溯源性。

（3）二维码技术溯源

目前应用较为广泛的二维码主要是矩阵式二维码，其编码形式是在指定的矩形空间内按照一定的编码规律将黑白像素进行排列。矩阵式二维码的代表形式主要有 QR Code、Data Matrix、Code One 等。二维码在代码编制上应用与二进制相对应的几何形体表达信息，通过光电扫描或图像识别自动读取信息实现食品溯源。二维码与条形码相比，信息容量更大，纠错能力更强，并且能够对语音、文字等多种信息进行编码，因此安全性更高。消费者应用手持终端（如智能手机）对二维码进行扫描，即可获得二维码中包含的食品信息，可对食品生产环节及运输流程进行查询。监管机构也可通过二维码扫描获取相关的追溯信息，实现对食品企业的有效监管。

2.2.2 化学技术溯源

由于自然环境的差异，不同地区的生物体内同位素自然丰度存在差异。同位素溯源技术就是通过分析食品中某一种或多种同位素的含量多少来判别食物源地。同位素技术最早应用于地质领域，20 世纪 80 年代开始，有学者尝试将同位素技术应用于食品溯源领域。在食品领域，同位素溯源技术主要集中应用于植物性食品的产地溯源。Ariyama 等以 Sr87 和 Pb 等 8 种同位素为测试元素对来自中国、日本、美国等地区的大米进行溯源检测，测试准确率高达 97%。由于动物食物产地不单一造成动物体内同位素含量的不稳定性，因此在动物性食品方面，同位素溯源主要集中应用在乳制品、牛肉和羊肉上。在食品溯源时，由于经常需要对多种同位素进行检测，因此同位素溯源技术相对其他溯源分析技术成本较高。

2.2.3 生物技术溯源

DNA 是动植物的遗传代码，可以看作天生固有的条形码，利用 DNA 指纹信息可以对动植物性食品实现准确追溯。为实现对转基因食品的鉴定，研究人员开发出复合 DNA 阵列芯片等专门针对植物性食品鉴定的食品溯源系统。但是，由于待检测植物样本具有高度的种属特异性，很难建立通用方法。DNA 条形码通过提取生物体中一个或几个通用标记对生物性食品进行鉴定，不需要对生物体的所有基因组了解，相对于 DNA 指纹方法具有较高效率。

如图 2-1 所示，智能食品溯源系统的核心原则是：①利用便携式传感器和指示器收集更全面、可追溯和及时的食品数据；②通过结合物联网（IoT）和云计算等新兴数字技术开发新型溯源技术。换句话说，智能食品追溯系统旨在利用先进的检测技术和数字技术来分析可追溯数据，以提高从农场到餐桌的食品安全。一方面，随着便携式检测传感器和指示器的使用、食品包装上的集成以及全基因组测序（WGS），可追溯数据的数量和复杂性将大大增加；另一方面，物联网和云计算借助无线技术，可以实时收集和分析可追溯性数据，从而简化食源性疫情调查。

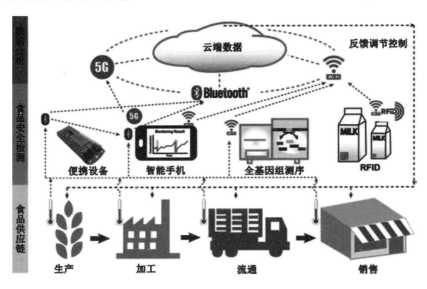

图 2-1　智能食品溯源系统

2.3 食品追溯供应市场分析

2.3.1 概述

随着国家和消费者对食品安全要求的提高，以及信息溯源对食品企业重要性认识程度的加深，市场上出现了大量从事食品信息追溯的企业。与此同时，由于食品追溯产业有巨大的潜力，越来越多的企业和研究机构加入食品信息追溯产业，他们根据自身在食品加工、流通、消费等环节的优势，利用人工智能、大数据、物联网、防伪等技术，逐渐成为食品信息追溯产业领域的主力军。2023 年，《国务院办公厅关于加快推进重要产品追溯体系建设的意见》指出，追溯体系建设是采集记录产品生产、流通、消费等环节信息，实现来源可查、去向可追、责任可究，强化全过程质量安全管理与风险控制的有效措施。专业的追溯服务商是影响食品行业信息追溯体系发展水平的重要因素，近年来不断涌现出优秀的追溯技术服务商，为我国食品行业信息追溯体系建设作出了重要贡献。为了提高食品行业追溯体系供需双方的有效衔接、降低项目实施风险，促进行业健康发展，中国副食流通协会开展了食品追溯服务商 50 强评定工作。

2.3.2 食品追溯服务商 50 强结果分析

截至 2023 年 2 月 5 日，共收到自主申报和行业推荐企业 62 家，去掉 9 家农副产品、食品类型企业，剩余 53 家食品追溯技术企业。

53 家食品追溯服务商中，营收大于等于 1 亿元人民币企业 11 家，员工数量大于 100 人 13 家，年发码量达到百亿量级 6 家，年发码量达到千亿量级 1 家，新三板上市企业 3 家，"专精特新"企业 18 家，瞪羚企业 5 家，科技型中小企业 30 家，可追溯食品评定机构 4 家。

如图 2-2 所示，截至 2023 年 2 月，在食品追溯服务商 50 强中，公司所属行业为科技推广和应用服务业及软件和信息技术服务业的占据主要部分，数量分别为 19 家和 16 家；其次是所属行业为专业技术服务业的，共有 4 家；排名第三的所属行业为研究和试验发展，有 3 家；最后是所属行业为互联网和相关服务、居民服务、科学研究和技术服务业、批发业、区块链、商业服务业、印刷和记录媒介复制业、专用设备制造业，各有 1 家。这表明当前食品追溯服务商所属行业主要聚焦于科技推广和应用服务业、软件和信息技术服务业、专业技术服务业以及研究和试验发展，从侧面反映了这四个行业在食品追溯服务商中属于热门行业。

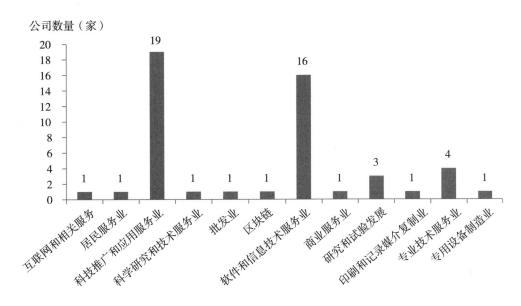

图 2-2　食品追溯服务商所属行业及数量

　　如图 2-3 所示，截至 2023 年 2 月，在食品追溯服务商 50 强中，主营产品为信息追溯的公司数量最多，达到 29 家；其次是主营产品为区块链的，共有 4 家；排名第三的主营产品为防伪标签和数字农业，各有 3 家；主营产品为餐饮信息化、防伪的紧随其后，各有 2 家；最后是主营产品为 MES、RFID、防伪追溯、供应链管理、冷链物流、智慧农贸和自动化，各有 1 家。这表明当前食品追溯服务商的主营产品聚焦于信息追溯、区块链、防伪标签和数字农业等，同时也可以说明这四个主要主营产品在食品追溯供应市场中处于明显优势。

　　如图 2-4 所示，在食品追溯服务商 50 强中，有软件著作权的企业有 48 家，占总数的 96.0%；无软件著作权的企业有 2 家，占总数的 4.0%。软件著作权是指软件的开发者或者其他权利人依据有关著作权的法律规定，对于软件作品享有的各项专有权利。企业的软件著作权能够在一定程度上体现企业的软实力和人才的水平。

公司数量（家）

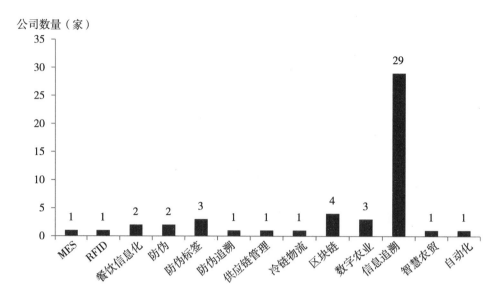

图 2-3　食品追溯服务商产品类型及数量

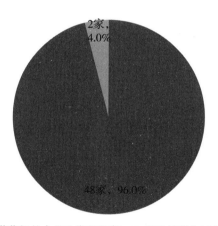

■ 有软件著作权的食品追溯服务商　■ 无软件著作权的食品追溯服务商

图 2-4　50 强中是否拥有著作权的食品追溯服务商数量及占比

　　如图 2-5 所示，在食品追溯服务商 50 强中，有专利的企业有 45 家，占总数的 90%；无专利的企业有 5 家，占总数的 10%。专利是发明创造人或其权利受让人对特定的发明创造在一定期限内依法享有的独占实施权，是知识产权的一种。企业拥有专利将使得企业在激烈的市场竞争中具有一定优势。

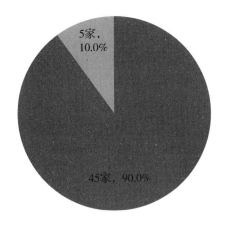

■ 有专利的食品追溯服务商　　■ 无专利的食品追溯服务商

图 2-5　50 强中具有专利的食品追溯服务商数量及占比

当前，由于气候变化、环境恶化、食品造假、贸易摩擦等，全球面临着前所未有的食品安全挑战。食品追溯作为确保食品质量和安全的重要基础，受到食品行业、监管者、消费者以及学术界的广泛关注。由于目前的食品追溯技术在数据收集的类型、相关性和敏感性方面都不够智能，也不能快速和经济地解决上述所有挑战，因此食品行业需要更智能的技术，特别是基于数字技术的食品追溯和智能食品追溯系统。智能的食品溯源体系可以对产品的生产、加工、包装、运输等环节进行跟踪，无论哪个环节出现问题，都能在最短时间内找到问题源头，把危害降到最低，有效保证食品质量。

参考文献

[1] 秦雨露，孙晓红，朱平，等．食品安全追溯应用进展与社会共治模式研究 [J]．食品安全质量检测学报，2020，11（4）：1288-1295.

[2] BADIA-MELIS R, MISHRA P, RUIZ-GARCIA L. Food traceability：New trends and recent advances：A review [J]．Food Control, 2015, 57：393-401.

[3] FENG H H, WANG X, DUAN Y Q, et al. Applying blockchain technology to improve agri-food traceability：A review of development methods, benefits and challenges [J]．Journal of Cleaner Production, 2020, 260：121031.

[4] DABBENE F, GAY P, TORTIA C. Traceability issues in food supply chain management：A review [J]．Biosystems Engineering, 2014, 120（1）：65-80.

[5] RUPPRECHT C D, FUJIYOSHI L, McGREEVY S R, et al. Trust me? Consumer trust in expert information on food product labels [J]．Food and Chemical Toxicology, 2020, 137：111170.

[6] PEARSON S, MAY D, LEONTIDIS G, et al. Are distributed ledger technologies the panacea for food

traceability? ［J］. Global Food Securityt, 2019, 20：145-149.

［7］ LIN C. Blockchainizing food law：Promises and perils of incorporating distributed ledger technologies to food safety, traceability, and sustainability governance ［J］. Food and Drug Law Journal, 2019, 74 （4）：586-612.

［8］ BOHME K, CALO-MATA P, BARROS-VELAZQUEZ J, et al. Recent applications of omics-based technologies to main topics in food authentication ［J］. TRAC-Trends in Analytical Chemistry, 2019, 110：221-232.

［9］ AUNG M M, CHANG Y S. Traceability in a food supply chain：Safety and quality perspectives ［J］. Food Control, 2014, 39：172-184.

［10］ PAFUNDO S, AGRIMONTI C, MARMIROLI N. Traceability of plant contribution in olive oil by amplified fragment length polymorphisms ［J］. Journal of Agricultural and Food Chemistry, 2005, 53 （18）：6995-7002.

［11］ STOROY J, THAKUR M, OLSEN P. The trace food framework – Principles and guidelines for implementing traceability in food value chains ［J］. Journal of Food Engineering, 2013, 115 （1）：41-48.

［12］ YU Z L, JUNG D Y, PARK S, et al. Smart traceability for food safety ［J］. Critical Reviews in Food Science and Nutrition, 2020, 62 （4）：905-916.

［13］ Liu D, Zhang C, Pu Y, et al. Recent Advances in pH-Responsive Freshness Indicators Using Natural Food Colorants to Monitor Food Freshness ［J］. Foods, 2022, 11 （13）：1884.

［14］ Chen S, Liu D, Pu Y, et al. Advances in deep learning-based image recognition of product packaging ［J］. Image and Vision Computing, 2022：104571.

［15］ 刘丽, 杨文杰, 汪雅婷, 等. 信息技术在印刷包装防伪上的应用研究进展［J］. 包装工程, 2019, 40 （9）：216-223.

［16］ 钟云飞. 安全印刷与包装防伪 ［M］. 北京：清华大学出版社, 2019：356-365.

［17］ 陈思源, 崔子杰, 刘丹飞, 等. 区块链在产品溯源和包装防伪上的应用进展 ［J］. 包装工程, 2023, 44 （1）：91-100.

［18］ Yang Wenjie, Liu Li, Zeng Shuaifan, et al. Research Progress of Anti-counterfeiting Based on Information Technology ［C］. The 21st IAPRI World Conference on Packaging, 2018：52-58.

［19］ 舒小华, 蔡叶菁, 钟云飞, 等. 基于全局信息的图像配准方法 ［P］. 发明专利, CN102521837B, 2014-05-28.

［20］ 钟云飞, 朱志勇, 刘春燕. 彩色印刷品莫尔纹防伪技术研究 ［J］. 光学技术, 2014, 40 （2）：128-132.

3

追溯体系中的信息安全研究

3.1 研究背景与意义

近年来，食品安全问题层出不穷。食品安全问题不仅严重威胁着人类健康，给各国造成了巨大的经济损失，也引发了政府信任危机和消费信任危机，影响社会稳定。解决食品质量安全问题的重要措施之一是建立食品安全追溯体系。对食品生成、流通过程中各关键环节的信息加以有效监控和管理，以实现食品质量安全问题的预警和溯源，控制食源性疾病的危害范围，刺激食品企业生产优质安全的食品[1]。食品安全追溯体系能够为消费者、生产者和政府相关机构提供产品真实可靠的信息，能够有效定位发生问题的原料或产品加工阶段，明确企业或相关部门的责任，减少产品召回的成本，有针对性地对企业实行惩罚措施[2]。利用信息技术建立多网络的食品追溯体系和追溯信息共享平台已成为国内国际上的发展趋势。

目前，食品行业的追溯平台鱼龙混杂，可追溯的常用方法也有很多，包括产品标志、生产过程中的信息采集、终端查询、商品包装信息获取[3]，等等。例如，比较常见的是使用二维码/条形码一物一码机制，给产品贴上标签，做到每个环节之间的追踪。但是，二维码/条形码存在一些问题，如制作假冒伪劣的食品厂商同样可以采用二维码系统，给其产品贴上标签，使得消费者可以扫码获取信息，但这些信息不一定是真实有效的。同时，正品企业或政府稽查相关产品时，无法追踪到产品制作源头，造成一系列严重问题出现[4]。

民以食为天，食以"安"为先。追溯的目的在于"安全"，建设食品安全追溯体系主要是为了保证从产品源头到消费者可以层层追溯，保护消费者利益，有效地遏制并快速打击不法行为者，故对于追溯体系中的"信息代码"不仅是要有单纯的追溯功能，更应该具备极难复制、防伪的功能，从而保障溯源信息的真实性，保护消费者的合法权益不被假货和劣质产品侵害[5]。为此，本文对于追溯体系中的信息安全进行了研究。

3.2 食品追溯技术国内外研究现状

食品安全被分为两类，食品本身的食用安全以及与之相关的信息安全。食品本身是可以安全食用的，因为它有保质期；无论是海鲜、水果、蔬菜等天然新鲜食品，还是需要防腐剂保存的食品，都有最佳食用日期，需要在保质期届满前食用。添加防腐剂对人体有害，新鲜食品的浪费也不利于农业的可持续发展。目前，已应用于食品追溯体系中的信息采集技术主要有条码识别、射频识别（Radio frequency identification，RFID）、区块链、无线传感网络（Wireless sensor networks，WSN）、机器视觉等技术。其中条码识别和射频识别技术都属于物联网技术。

3.2.1 条码识别技术

条码是将线条与空白按照一定的编码规则组合起来的符号，用于代表一定的字母、数字等资料。在进行辨识的时候，用条码阅读扫描，得到一组反射光信号，此信号经光电转换后变成一组与线条、空白相对应的电子信号，经解码后还原为相应的字母数字，再传入计算机。条码识别技术已经相当成熟，其读取的错误率约为百万分之一，首读率大于98%，是一种可靠性高、输入快速、准确性高、成本低、应用面广的资料自动收集技术。

（1）一维条码

一维条码又称线性条码，常见于商品包装、图书封底等。一维条码具有输入速度快、错误率低等优点，但也存在数据容量小、保密性能差、损污后可读性差等缺点。一维条码是由条、空、字符构成的，为了达到表示信息的目的，这些条、空、字符都是按照一定规则组成的（见图3-1）。

图3-1　一维条码示意图

尽管一维条码的普及为信息的传输提供了便捷，但是随着条码技术的应用越来越广，传统一维条码的缺点也逐渐暴露出来[6]。由于一维条码携带信息量有限，只能在一个方向（通常是水平方向）上表示信息，所以信息密度较低，信息容量较小。这成为一维条码发展的瓶颈。而且一维条码仅仅能做到对商品的标识而无法做到对商品进行描述，人们要想知道商品标识的具体含义只能从后台的数据库提取相应的信息，如果没有数据库或网络的支持，商品标识的具体含义便无法获得，标识也就没有任何意义。此外，一维条码无法表示汉字和图像信息，在需要用到汉字、图像的场合无法应用。为了解决这一系列的问题，人们开发出了二维条码。

（2）二维条码

二维条码也就是我们常用的二维码，二维码根据编码方法可分为线性堆叠式二维码和矩阵式二维码，常用的 QR 码（快速响应码）及 DM 码（二维码的一种）均属于后者。二维码克服了一维条码的缺点，具有容量大、保密性好、抗损性强、成本低、纠错性好等优点，然而仍存在主流码容易被仿造、病毒软件可以通过二维码传播等问题。目前应用较为广泛的二维码主要是矩阵式二维码，其编码形式是在指定的矩形空间内按照一定的编码规律将黑白像素进行排列，如图 3-2 右所示。二维码在代码编制上应用二进制相对应的几何形体表达信息，人们可以通过光电扫描或图像识别自动读取信息实现食品追溯。二维码与一维条码相比，信息容量更大，纠错能力更强，并且能够对语音、文字等多种信息进行编码，因此安全性更高。消费者通过手持终端对二维码进行扫描，即可获得二维码中包含的食品信息，可对食品生成环节及运输流程进行查询。监管机构也可以通过扫描二维码获取相关的追溯信息，实现对食品企业的有效监管[7]。

图 3-2　二维条码示意图（左：线性堆叠式二维码；右：矩阵式二维码）

3.2.2　射频识别（RFID）技术

RFID 技术是通过射频信号进行数据传递的自动识别技术。RFID 技术无须与被识别物体直接接触，即可完成信息的输入和处理，能快速、实时、准确地采集和处理信息[8]。完整的 RFID 系统主要由读写器、电子标签、数据管理系统 3 个部分组成[9]。其中电子标签为数据载体，由无线通信天线和（IC 集成电路）芯片组成，其工作频率有低频、高频、超高频及微波频段 4 个频段。读写器可以实现电子标签和数据管理系统间的信息传输。

RFID 技术通过射频信号获取目标的相关数据，达到自动识别的目的。随着物联网技术的发展，RFID 技术由于其独特的识别特性被应用于食品安全领域。RFID 的电子标签具有不耗电、寿命长、可修改、能加密、防磨、防水、防腐、防磁等特点[10]。RFID 识别需要专用设备和软件，识别过程无须人工干预，保密性好，可以远距离识别。物联网技术以 RFID 技术和近距离通信（Near Field Communication，NFC）编码信息传感设备为核心，通过合理配置传感装置，在食品生成、流通的不同环节输入 EPC 编码标识，实现食品流通中的数字化、智能化和可视化识别，为食品可追溯性提供技术支撑。

RFID 技术的优势在于，它可通过无线电信号实现在数米之内无屏障地同时读取多个标签信息，具有快速、自动、准确地采集与存储信息等特点。对于水产畜禽等活体追溯对象，可通过电子耳标或体内芯片等形式记录其养殖阶段的信息[11]，因而在追溯体系中扮演着重要角色。但同时，RFID 技术也存在一些不足，如使用成本较高、国际上尚未形成统一的标准等。

3.2.3 区块链技术

区块链是近几年来信息技术领域的重点研究内容，最初用于比特币交易，随后陆续应用在金融、供应链以及税务等行业中，成为了解决多参与方信任问题的有效技术手段[12]。区块链并不是一种全新的技术，其本质上是一个去中心化的数据库，基于非对称加密、共识机制、智能合约、分布式账本等传统的信息技术构建的新型应用架构。其网络架构通过合理利用各项技术，满足了去中心化的数据信任、数据安全以及通用性等要求，同时有效利用时间戳技术，实现了数据的可靠性及不可篡改，因此能够在跨主体的业务应用中解决以往只能通过业务协调解决的问题[13]。

近年来，各地区和有关部门利用信息化技术积极探索构建重要产品的追溯体系。各类产品生产及经营主体、技术机构等基于业务需要陆续建立信息化系统，实现了业务流程的电子化处理和重要信息的电子化存档。同时部分产品根据需要构建了追溯信息化系统，包括生产企业自建的追溯系统和第三方检验认证机构主导建立的追溯系统两类，实现了一定范围内、一定产品的可追溯。

区块链技术的特点是去中心化、开放性、自治性、信息不可篡改。通过将食品产销过程的所有交易数据存储在分布式区块上，保证每笔交易信息都必须得到商业网络中所有成员的共同许可，并成为无法更改的永久性记录，这可以解决传统追溯跟踪体系中因为多种原因所造成的数据不准确、不透明和溯源信息不完整等问题[14]，确保商品交易信息准确无误地记录和保存，全面增强食品验证信息的安全性和可信性[15]。

3.2.4 无线传感网络技术

随着物联网技术的日益成熟，传感网络也进入了新的阶段。在这一过程中，无线传感网络（Wireless Sensor Network，WSN）作为一种分布式传感网络，广泛应用于军事、智能交通、医疗卫生等多个领域。其中，食品追溯也是重要应用之一。食品追溯过程不仅需要对是食品供应链结构信息的掌握，同时还需要通过无线传感网络技术对供应链过程中的环境信息进行采集。通过两者信息的掌握和分析，既能保证实时掌握食品在运输过程中的品质变化情况，也能保证追溯信息采集的准确性。Xinqing Xiao 等通过 WSN 技术实时监测冷链物流中温度的变化，从而得到冷链物流中关键的质量参数，对各质量参数之间进行相关分析，最后确定关键质量参数提高冷链物流的可追溯性和透明度[16]。Wang Xiang 等将无线多气体传感系统作为一个有效的实时冷链监控系统，对葡萄冷链管理的温度、湿度和气体微环境（如二氧化碳、二氧化硫和氧气）等主要追踪指标进行监测和控制，有效监控葡萄品质变化，同时分析追踪指标对葡萄的新鲜度的影响[17]。Junyu Wang 等通过基于 ZigBee 标准无线传感网络开发一个实时易腐食品供应链监控系统，提高了系统数据传输的成功率[18]。

无线传感器网络节点的优化部署研究可以有效提高传感器网络覆盖率和降低能耗，延长网络寿命。目前，常用的优化算法有虚拟力算法（VFA）、萤火虫群优化（GSO）、粒子群算法（PSO）、蛙跳算法（SFLA）、混沌果蝇算法（FOA）等，国内的研究者在这些算法的基础上提出了很多 WSN 布局的优化算法[19]。

3.2.5 机器视觉技术

在实际生产过程中，食品从生产到具体商品经过了不同的生产环境，其复杂性导致在一些情况下常规的识别技术或者环境感知技术无法正常工作甚至失效。机器视觉技术作为处理这一类情况的方法，是对各类信息采集技术的扩展和补充。如 Emanuelle 等建立一个计算机视觉系统，将 ANN 用作转换模型，利用贝叶斯分类器将绿色咖啡豆进行分类，该模型实现了 1.15% 的泛化误差，从而有效地帮助种植者对其分类[20]。Souraya 等基于机器视觉的自动化系统，利用色差法，使用 PCA 和 PLS-DA 方法进行分析，结果表明色度计和图像分析允许根据颜色属性对高品质和劣质无花果进行完全区分[21]。Antonio Girolami 等利用美能达 CR-400 色度计和计算机视觉系统（CVS）用于测量比色特征，通过一系列相似性测试和统计分析，证明了 CVS 提出了一种有效的测量，它们重现了与真实颜色非常相似的颜色，同时可以保存样品图像供检查和比较[22]。通过机器视觉一系列方法我们可以对食品进行分类，测量甚至监测。

3.3 追溯体系中存在的信息安全问题

目前，现有的系统溯源信息内容不统一，有简有繁，没有相关录入采集规范，而且溯源链条较短，没有实现上下游企业或部门之间的溯源信息的传递。因此，食品生产企业的多元化给食品质量溯源系统的研发和推广带来困难，而且凭借市场主体自觉自律的可追溯数据采集、跟踪，其质量和完整性难以保证。例如，目前市场追溯码造假泛滥，编码成了某些企业的牟利工具，大大损害了消费者对食品安全的信心。

3.3.1 物联网和隐私安全

对物联网信息隐私的干扰来自两个主要方面，外部物联网设备的局限性（如 IEEE

802.15.4）的限制和内部异构性（如 Web 服务器和网络云）的影响[23]。有学者研究得出基于网络的方法比基于主机的方法更不容易受到攻击，因此，由于静态外围防御无法保护部署在网络内部且物理对象和计算数据不断变化的物联网设备，因此需要权衡隐私保护和物联网帮助食品追溯在实时追溯中监控存储状态。后者简化了协议设计和系统架构以应对网络的复杂性。

来自传感器的私人数据包含参与者的个人信息，如身份、位置或生物特征数据。例如，通过智能识别知道操作者的身份，从 GPS 接收器获取位置信息，或在 Wi-Fi 或蜂窝网络上获得位置信息[24]。此外，环境中的温度、光强度和方向的组合也可能揭示位置信息。位置信息可能会泄露参与者的隐私，例如，家庭住址和工作场所位置、日常生活和习惯。隐私数据可能包含敏感信息，例如，财务记录、专有研究数据或个人健康信息等。

隐私意味着个人信息必须受到保护，在任何情况下，未经明确同意不得外泄。消费者和经销商的信息，只有在食品可追溯性的隐私得到保障的情况下才能获得。信任是攻击发生的概率和可能造成的损害的乘积。此外，信任涉及两个方面：透明度和一致性。透明度和一致性是食品可追溯系统中最重要的两个概念。基于这些概念，很明显，隐私和安全是获得信任的关键。因为不保护隐私和安全，就会发生恶意攻击。例如，物联网服务可以获得用户的信任并提供相关和适当的安全服务，但它仍然可以在未经明确许可的情况下通过泄露个人数据来侵犯他们的隐私[25]。

3.3.2 区块链技术中的信息安全

区块链是基于数字加密货币[26]开发的分布式数据库技术。区块链系统具有去中心化、防篡改、高度自治、分布式共识等特点，为在没有第三方监督的情况下实现分布式一致性提供了一些解决方案。随着智慧农业的快速发展，区块链在食品溯源领域越来越受欢迎，但也面临着自身体系不完善、隐私泄露的挑战。

区块链数据处理过程包含五个步骤：数据采集、数据存储、数据处理、数据传输和数据发布。其中，数据存储、数据处理和数据传输三个步骤最容易出现信息安全问题。数据存储中数据以单链存储或多链存储的方式存储[27]，由于区块链本身的数据冗余度非常大，有多少倍冗余数据就有多少个满节点，因此不可能将数据本身全部存储，只能将数据的哈希值存储在链上。数据库面临的风险来自外部攻击、内部泄露、数据库系统安全性不完善等。外部泄露包括木马病毒植入、数据库后门等。内部泄露包括内部盗窃、弱密码配置、数据库系统漏洞等，还有 SQL 注入、XSS 注入等一系列可以窃取用户私人数据的攻击。链上的可追溯性数据被认为是一个数据集[28]。此外，数据集还包括时间戳、随机数、版本信息，以及前一个区块（或自定义版本）的哈希值。通过使用 SHA2 计算获得一串哈希字符，块之间形成逻辑链接，一个块的任何变化都会影响当前块的前一个块和后续块中的信息。同时，对写入区块的数据进行广播验证，每个供应商节点的交易信息需要快速准确地打上时间戳。这是因为造成泄露威胁的主要原因可以归结为数据分类和分级不当、人为错误和加密过程的泄露。数据传输过程中由于区块链数据的特殊存储方式，其内部的 n 个共识组以并行、异步、独立的方式工作。然而，对于处理链上的数据冗余，没有比通过减少分片的大小来提高可追溯性数据传输的效率更好的方法了。数据被破坏的主要传输方式是网络劫持和传输拥塞[29]。

3.3.3 数据篡改、丢失及泄露

近几年，通过篡改条码信息伪造食品检测报告的情况屡屡出现，公众判别不出食品检测报告的真伪[30]。另外，电商销售和线下售卖食品都存在着信息不对称的情况。食品生产加工信息的泄露导致严重的信息漏洞，出现条码仿造的问题[31~32]，攻击者通过伪造 QR码替换合法 QR 码的方法，使得用户通过电子设备扫描访问已经被篡改的登录网页获取虚假信息，从而作出错误判断[33]。为了解决条码篡改问题[34]，应用 RFID 技术实施追溯，但可能出现篡改标签数据的风险[35]。

由于某些潜在问题造成追溯数据丢失和数据损毁，最严重的是数据损毁问题，以磁盘级损毁和存储节点级损毁为主[36]。例如，谷歌公司对磁盘级损毁进行统计发现，每年的磁盘故障问题占 1.7%~8.6%；英国数据恢复公司 Kroll Ontrack 分析数据丢失的原因时发现，由系统故障或硬件设备问题造成的数据损毁占 72%，人为原因造成的数据损毁约占20%。自然原因也会造成重要数据的丢失。2008 年，中国的冰冻灾害和汶川地震造成了通信、金融、电子政务等数据的丢失，丢失重要数据对市场发展和社会发展都是不小的损失。

部分中小企业由于技术落后、资金薄弱等问题会委托第三方机构对数据进行存储和分析。数据资源整合与第三方机构管理数据所遵循的应用原始数据的权限有关，一旦第三方机构未经允许将客户的机密数据信息应用于其他客户的数据分析请求中，便会泄露这些客户的商业机密[37]。此外，一些不法分子未经授权使用读写器识别标签[38]，窃取敏感信息，泄露个人隐私和商业机密[39]。商业机密泄露，会使企业面临制约生存发展的风险，因此在企业将食品生产配方、商业信息等数据公布于第三方机构时，机构能否对企业共享于追溯平台的数据予以保护，将直接影响企业使用追溯体系的信心。

3.4 保障追溯体系中的数据信息安全性

3.4.1 物联网信息采集中隐私安全的保障

由于物联网设备会定期收集用户的使用状态，因此它们可能包含敏感信息，例如，位置信息等。加强物联网环境中的数据共享的安全保护，可以在一定程度上解决产品供应链

中的信任危机。

唯一的 ID 是一种身份，区块链可追溯性上的每个参与者都拥有它，下游节点能够从可追溯链中的每个链路获取产品批次的流动[40]。有许多形式可以识别参与者或逻辑资源，但通常需要权威机构来维护这些 ID。在区块链中，任何通过 SDK 上传的提案都会被采用，并为该提案分配一个唯一的 ID 号，该 ID 号与用户的密钥相关联。由于区块链的不同性质，它们的 ID 功能不同。在联合区块链中，提案签名用于标识用户 ID 的数量。在一些极度私有的区块链中，使用不同的签名来识别用户身份的有效性。物联网的广泛采用促进了其设备使用和数据收集，这些数据收集可以有效存储在用户控制域之外进行存储和分析。

射频标识符（RFID）在物联网场景中被广泛用于识别事物、记录元数据和通过无线电波控制远距离目标。例如，已经开发的射频识别（RFID）技术中基于块的供应链跟踪系统框架[41]。易受攻击的标签会受到间谍攻击和拒绝服务攻击。未经授权的访问者在没有适当访问权限的情况下拥有访问这些易受攻击标签的特权：可以通过实现 RFID 访问来控制低成本标签，该方案可以很好地防止因开放和未经授权的访问导致用户隐私的泄露。

3.4.2　区块链技术中安全可追溯性的保障

区块链技术的发展已经扩展到社会的各个领域，也正在成为最有前途的技术之一，未来有可能将通信、存储和交易的透明度提高到更高的水平[42]。

（1）区块链在食品追溯中的信息安全保护措施

区块链在食品可追溯性中的应用是一个全新的发展领域，区块链通过为食品带来通用技术语言来实现端到端的可追溯性，同时允许消费者通过手机访问标签上的食品信息。

对于食品的可追溯性，从作物的种植到最终的服务和消费，都有严格的质量控制步骤和复杂的加工程序[43]，其中包括：育苗、种植、收获、加工、储存、冷链物流、质量控制、销售和消费，以及记录温度、水质和土壤元素等各种参数的影响；检验检疫信息（重金属类别和含量、农药类别和残留含量、微生物类别和含量、检测和检验方法、农产品质量水平、检验人员和检验单位）；资质管理（企业资质、管理制度、执行标准）；其他信息，如地块（地块编号、时间、生产批次、土壤关键指标）等。

以上所有信息都会存放在区块链的分布式账本中，在数据验证过程中不断达成共识（时间戳不同）[44]。该数据将作为食品安全证明的证据，对任何区块中的信息进行任何篡改都会造成严重后果。同时，添加到链条中的数据，也有助于零售商确定食品的安全食用日期。区块链技术带来的商业模式变化可以提高整个食品可追溯性生态系统的信任度和透明度，并建立新的价值交换链接。

无论是由个人销售还是由企业经营，由生产者加工还是由消费者购买和消费，这种关系中最大的挑战是区块链可追溯性的安全性。溯源过程中的信息，如肥料的使用量、使用的添加剂数量和储存条件等，应可供可追溯链中的所有参与者使用。但这样做也会增加数据泄露的风险。因此，在可追溯链中应提供安全高效的数据存储、数据访问、数据共享和数据真实性服务[45]，任何环节的参与者使用识别码都可以知道食品的确切位置、温度和湿度变化以及加工信息。

食品可追溯性中有智能合约来管理物流过程的触发交易。对于不同的触发事件，有不同的响应策略。面对消费者，溯源链提供每种食品对应的追溯码，做到无泄露、无重复，但是通过传感器从食品可追溯性的所有阶段收集的产品数据必须是合法的，同时遵守系统相关各方商定的条款。另外，集中式解决方案存在信心和安全问题，例如在集中式存储库中，某些可以进一步更改信息以提供与其目的不符的数据。因此，应结合物联网技术和区块链两种技术，实时改善数据并确保数据安全，例如，安全的信息传输和存储也会更好。

（2）区块链追溯系统中的隐私安全保护措施

安全方面的进步不容小觑，更多的可追溯性公司选择使用安全外包产品[46]，同时这缓解了某些领域数据的泄露和保护不力。但这引入了一种新的威胁，可能导致违规攻击[47]或植入病毒[48]，从业务角度来看，这不仅在内部损失方面，而且在因保护隐私和安全方面而被起诉都是极其昂贵的成本。区块链架构的每一层对隐私保护都有不同的措施，使得区块链技术足够严谨。

1）数据层

数据层是区块链技术的核心领域，该层包含每个节点上传数据的数字签名、时间戳、随机数和海量交易数据。数据层使用树结构将交易数据转换为存储在块体中的哈希字符串，使用 Md5 获取摘要。该方法在其计算过程中是不可逆的，并且可以保护交易数据，但不能避免被篡改[49]。例如，攻击者通过匹配哈希的输出来获取输入，尽管这在计算上非常密集，但这样的操作足以破坏块体中的数据结构。

从隐私保护的角度来看，差分隐私（DP）产生的随机性可以被认为是保护哈希函数隐私的关键方面，例如，SHA-256，SHA-2，SHA-1 等。用户的公钥和私钥都受到加密签名的保护，密钥可以使用 PKI 信任系统或 IBC 信任系统进行管理。同样，差分隐私的集成可以帮助增加层中某些核心组件的隐私性，或者委托同态加密处理数据，从而使第三方无法从密文中获取有关明文的任何信息，同时保持用户对数据的所有权。

2）网络层

在区块链中，网络层通过有效的通信协议在及时分散和传播消息方面发挥着重要作用[50]。其目标是通过实现来自上面数据层的数据在授权节点之间互传消息，并且数据消息可以是不同类型的[51]。例如，在 Hyperledger 中，由授权节点验证广播数据，但在比特币中，是所有节点对数据的共识验证。因此，网络拥塞是通信协议的致命杀手，需要良好的通信效率来保证顺利达成共识。

许多学者已经提出了各种解决方案，用于网络层的安全性，他们使用各种技术来提高和增强通信效率与安全性，例如，生成对抗网络[52]、贝叶斯训练网络[53]和 6G 无线通信技术[54]。由于在通信协议中没有有效的隐私保护，对手可以很容易地窃听网络，攻击设备并获取数据[55]。但是，通过在传播和广播中增加随机性来保护发送者和接收者的隐私信息，以及通过在发送消息之前添加一些噪声来保护跨网络地址，可以确保网络中的隐私信息。另一种方法是重新加密代理，在过程中途切换密钥以确保数据的安全性和完整性，或者简单地使用具有 SSL/TLS 的 HTTPS 加密协议，这也可以防止数据传输过程中的数据泄露。

3）共识层

共识层的共识机制可以包含一个或多个，是分布式账本的核心部分之一，旨在分散节点之间相互验证不同数据以达成协议的过程[56]。共识算法因各种区块链网络和类型而异，例如，用于可追溯系统的 Hyperledger Fabric 使用 Kafka 对等待担保验证的交易数据进行一致性排序，同时使用 Practical Byzantine Fault Tolerance（PBFT）算法来提高系统的容错性。随着不同平台的不同集成需求，已经开发了大量的共识机制变体，例如 PoS、DPoS、PoA 等。

4）合约层

智能合约非常适合区块链网络，并决定了该网络的灵活性。在这一层中使用和部署各种类型的脚本、代码、智能合约和算法，使复杂的交易和功能能够在去中心化的区块链网络中集成和工作。从安全的角度来看，一些研究人员已经统计了现有的智能合约来保护数据安全，例如，Shadoweth、Arbitrum、Raziel 等。

5）应用层

由于所有数据都通过 API 连接接口直接呈现给用户，因此应用层也最容易受到黑客攻击。黑客通过在接口的输入框中输入命令来攻击后端或破坏整个接口的可用性，从而直接影响整个系统的性能和网络结构。因此，当对手可以访问一组交易或数据，但不能自信地判断是否存在特定的用户数据时，差分隐私起着关键作用。

3.4.3 防止数据篡改、丢失及泄露的相应措施

（1）RFID 保障数据安全

RFID 技术具有无线传输和物品标识的唯一性与安全性，能识别从"农田到餐桌"全程信息数据[57]。尽管 RFID 技术有篡改的可能性，但是 RFID 技术具有识别快速和成本低的优点，增加安全认证和加密的功能可提高伪造者的难度和成本。通过密码技术的 RFID 系统协议成为研究热点，能提高 RFID 系统的安全性。设计 RFID 系统提高用户的数据安全和隐私安全，完善安全认证协议和加密算法是必不可少的措施，已有研究者提出降低新型标签匿名的 RFID 标签认证的成本，同时保持原有的安全强度。另外，采用读写器和标签互相认证的措施，减少采用 RFID 技术成本的消耗。

（2）防止数据丢失，容灾备份

可通过建立容灾备份解决数据丢失问题。容灾备份主要有数量级别容灾、应用级别容灾。数量级别容灾在异地建立，重点保护用户的数据，避免丢失和破坏。应用级别容灾是在数量级别容灾的基础上建立的备份系统，可实时保存数据，灾难发生时，能尽快地恢复业务工作。目前在我国深圳、香港、台湾等地具有分布式数据灾备管理系统平台的节点，用户可以将数据放在任何节点中保存。我国目前已建立异地备份系统，但系统的防护和数据的存储类别仍需扩展与完善。

（3）数据开放共享的规则制定

数据共享亟须解决的问题是访问控制和隐私保护。构建数据开放共享的新模式，充分整合各部门数据，形成对内整合、对外共享的局面[58]，避免重复采集数据。追溯体系建设可增加区块链联盟链系统功能，数据有一定的共享范围、时限等约束条件，通过计算机语言来规范数据访问者的行为，食品标签赋码数据存储于区块链的不同节点中，采用智能合约的方式感知数据节点实现数据安全共享[59]。从规则、技术等角度解决数据共享的权限访问和保护个人信息与企业机密的问题[60]，有利于追溯体系的应用。

（4）法律标准及规范的完善

国外发达国家对信息和数据安全性研究非常重视。我国起步相较于国外发达国家晚，大数据相关监管机构，例如，我国政府部门制定了与大数据相关的法律法规政策以保障数据安全。保障公众隐私方面，工业和信息化部提出《互联网信息安全管理系统使用及运行维护管理办法（试行）》。保护数据安全方面，《中华人民共和国国家安全法》中对数据安全作出了规定；2016年国务院发布《"十三五"国家信息化规划》中，首次提出了立法来保护数据的安全性，建立跨境数据流动安全监管制度，由中央网信办、工业和信息化部、公安部这三个部门牵头对买卖数据的行为进行严厉的查处和打击。《"十四五"国家信息化规划》于2021年12月颁布，明确提出要加快数字化发展，建设数字中国。

3.5　结论与展望

事实上，追溯制度应是监管的一种方式，印在产品包装上的信息识别码并不只是信息的载体，还应是监管赋予的公信符号。包括产品追溯采集、上传和提供查询，都应当有权威渠道把控，并且由监管机构结合行业监管对追溯管理合理介入。在大数据时代，追溯管理平台的信息安全风险也不容忽视。尽管不是所有产品都像食品这般重要，但只要其产品信息数据具有商业价值和敏感信息，追溯管理平台都要警惕类似风险。

眼下食品追溯体系已经勾画好了详细的框架，未来，追溯平台应该成为公共信息系统建设的一部分，通过建立全国统一的专业管理平台、对重要产品实行平台强制追溯、严格产品追溯信息审查与接入、提高产品追溯权威和信息安全管理的可靠性等，这一体系有望成为各类市场主体和监管者的得力助手，在保证产品质量与安全、规范市场秩序等方面发挥重要作用。

参考文献

［1］张越，蒋萍萍，韩璐桃，等．我国食品安全追溯体系现状分析与发展建议［J］．食品安全质量检测学报，2022，13（20）：6495-6502.

［2］覃艳淑，蒙丽琼，梁光纤，等．广西食品生产企业参与食品质量安全可追溯体系的主要影响因素研究［J］．食品安全质量检测学报，2019，10（5）：1414-1421.

［3］崔绪辉，王树文．我国食品安全信息追溯存在的问题及解决方法［J］．食品安全导刊，2022，346（17）：35-38.

［4］Chen S, Liu D, Pu Y, et al. Advances in deep learning-based image recognition of product packaging［J］. Image and Vision Computing, 2022：104571.

［5］朱利莎．食品安全全程追溯制度探析［J］．中国调味品，2019，44（7）：191-194.

［6］赵胜．条码技术发展的现状与趋势研究［J］．邢台职业技术学院学报，2008（5）：76-78.

［7］万菁．二维条码的编解码及系统实现［D］．上海：上海交通大学．2007.

［8］钟云飞，李溢豪，邓文博，等．一种基于无线射频识别技术的快捷式快递收发站［P］．湖南省：CN212355252U，2021-01-15.

［9］曲爱玲，刘红梅，马长路．RFID技术在食品追溯中的应用［J］．农产品加工，2020，502（8）：86-88.

［10］张姝楠，郭波莉，潘家荣．RFID技术在食品全程跟踪与追溯中的应用［J］．食品研究与开发，2007，142（9）：148-151.

［11］吕洁．射频识别技术RFID及其应用（上）［J］．智能建筑与城市信息，2004（11）：72-76.

［12］王剑．一种基于区块链的可信政务数据共享网络系统及共享方法［P］．中国，CN108234457A，2012-6-29.

［13］袁勇，倪晓春，曾帅，等．区块链共识算法的发展现状与展望［J］．自动化学报，2018，44（11）：2011-2022.

［14］陈思源，崔子杰，刘丹飞，等．区块链在产品溯源和包装防伪上的应用进展［J］．包装工程，2023，44（1）：91-100.

［15］沈政启．基于区块链技术的食品安全追溯平台［J］．信息通信，2019，193（1）：49-50.

［16］Improving traceability and transparency of table grapes cold chain logistics by integrating WSN and correlation analysis, 2017.

［17］Development and evaluation on a wireless multi-gas-sensors system for improving traceability and transparency of table grape cold chain, 2017.

［18］Wireless sensor network for real-time perishable food supply chain management, 2015.

［19］徐跃州，张欣．基于混沌果蝇算法的WSN优化布局［J］．计算机工程与设计，2015（4）：901-905.

［20］A computer vision system for coffee beans classification based oncomputational intelligence techniques.

［21］Computer vision for automatic quality inspection of dried figs（Ficus carica L.）in real-time.

［22］Measurement of meat color using a computer vision system.

［23］Xu J, Gu B, Tian G. Review of agricultural IoT technology. Artif. Intell. Agric. 2022（6）：10-22.

［24］Kuznetsov A, Poluyanenko N, Kiian A, et al. Application of Bluetooth, Wi-Fi and GPS Technologies in the Means of Contact Tracking ［J］. In Information Security Technologies in the Decentralized Distributed Networks；Springer：Berlin/Heidelberg, Germany, 2022：33-69.

［25］Showail, A.；Tahir, R.；Zaffar, M. F.；Noor, M. H.；Al-Khatib, M. An Internet of Secure and Private Things：A Service-Oriented Architecture. Comput. Secur. 2022, 120, 102776.

［26］Creydt, M.；Fischer, M. Blockchain and more-Algorithm driven food traceability. Food Control 2019, 105, 45-51.

［27］Nasir, M. H.；Arshad, J.；Khan, M. M.；Fatima, M.；Salah, K.；Jayaraman, R. Scalable blockchains—A systematic review. Future Gener. Comput. Syst. 2022, 126, 136-162.

［28］［29］Tanya, R.；Chelliah, B. J. A Comprehensive Study on Cybersecurity Challenges and Solutions in an IoT Framework. In Towards a Wireless Connected World：Achievements and New Technologies；Springer：Berlin/Heidelberg, Germany, 2022：105-137.

［30］孔得丰. Premiere Pro CS3 制作卡拉 OK 逐字变色的实现方法 ［J］. 信息与电脑（理论版）, 2013, 286（10）：142-143.

［31］薛素君. 自媒体信息传播中的管理问题及其对策研究 ［D］. 苏州科技大学, 硕士学位论文, 2015.

［32］钟云飞, 胡垚坚, 朱志勇, 等. 一种基于分形的光栅防伪技术 ［P］. 湖南省：CN103802517B, 2017-07-11.

［33］裘锦霞. 美化 QR 码及其防篡改的研究 ［D］. 杭州电子科技大学, 硕士学位论文, 2016.

［34］钟云飞, 崔子杰, 刘丹飞, 等. 一种反光防伪油墨及其制备方法和应用 ［P］. 湖南省：CN110591451B, 2022-05-31.

［35］苗素贞. RFID 应用系统的安全与隐私保护策略的研究 ［D］. 广东技术师范学院, 硕士学位论文, 2015.

［36］付文丽, 孙赫阳, 杨大进, 等. 完善中国食品安全风险预警体系 ［J］. 中国公共卫生管理, 2015, 31（3）：310-312+289.

［37］魏凯琳, 高启耀. 大数据供应链时代企业信息安全的公共治理 ［J］. 云南社会科学, 2018, 221（1）：50-56.

［38］钟云飞, 胡垚坚, 张霜. 一种基于水溶性薄膜的可变数据激光全息防伪标签 ［P］. 湖南：CN203288165U, 2013-11-13.

［39］郭焰辉. 基于椭圆曲线密码的 RFID 系统认证协议研究 ［D］. 江西理工大学, 硕士学位论文, 2018.

［40］Kuhn, M.；Funk, F.；Zhang, G.；et al. Blockchain-based application for the traceability of complex assembly structures. J. Manuf. Syst. 2021, 59, 617-630.

［41］Wang, L.；He, Y.；Wu, Z. Design of a Blockchain-Enabled Traceability System Framework for Food

Supply Chains. Foods 2022, 11, 744.

［42］Mirabelli, G.; Solina, V. Blockchain and agricultural supply chains traceability: Research trends and future challenges. Procedia Manuf. 2020, 42, 414−421.

［43］Lavelli, V.; Beccalli, M. P. Cheese whey recycling in the perspective of the circular economy: Modeling processes and the supply chain to design the involvement of the small and medium enterprises. Trends Food Sci. Technol. 2022, 126, 86−98.

［44］Sun, W. Application of Blockchain Technology in the Supply Chain Finance. In Proceedings of the IEEE International Conference on Cloud Computing and Big Data Analysis (ICCCBDA), Chengdu, China, 22−24 April 2022; pp. 205−209.

［45］Huang, S.; Wang, G.; Yan, Y.; et al. Blockchain−based data management for digital twin of product. J. Manuf. Syst. 2020, 54, 361−371.

［46］Demestichas, K.; Peppes, N.; Alexakis, T.; et al. Blockchain in agriculture traceability systems: A review. Appl. Sci. 2020, 10, 4113.

［47］Dabholkar, A.; Saraswat, V. Ripping the fabric: Attacks and mitigations on hyperledger fabric. In Applications and Techniques in Information Security, Proceedings of the 10th International Conference, ATIS 2019, Thanjavur, India, 22−24 November 2019; Springer: Singapore, 2019; pp. 300−311.

［48］Tang, C.; Ma, Y.; Yu, X. Design and Implementation of Port Video Terminals Security Access Authentication System Using Blockchain Technology. In E3S Web of Conferences; EDP Sciences: Les Ulis, France, 2021; p. 03086.

［49］Davda, Y.; Sunitha, R.; Honnavalli, P. B. Design of Hash Algorithm for Blockchain Security; EasyChair: Bangalore, India, 2022; pp. 1−8.

［50］Sankar, L. S.; Sindhu, M.; Sethumadhavan, M. Survey of consensus protocols on blockchain applications. In Proceedings of the 2017 4th International Conference on Advanced Computing and Communication Systems (ICACCS), Coimbatore, India, 6−7 January 2017; pp. 1−5.

［51］Bouraga, S. A taxonomy of blockchain consensus protocols: A survey and classification framework. Expert Syst. Appl. 2021, 168, 114384.

［52］Chen, D.; Orekondy, T.; Fritz, M. Gs−wgan: A gradient−sanitized approach for learning differentially private generators. arXiv 2020, arXiv: 2006. 08265. 2020.

［53］Lan, S.; Hong, J.; Chen, J.; et al. Equation Chapter 1 Section 1 Differentially Private High−Dimensional Binary Data Publication via Adaptive Bayesian Network. Wirel. Commun. Mob. Comput. 2021, 8693978.

［54］Wang, J.; Ling, X.; Le, Y.; et al. Blockchain−enabled wireless communications: A new paradigm towards 6G. Natl. Sci. Rev. 2021, 8, nwab069.

［55］Akbar, N. A.; Muneer, A.; ElHakim, N.; et al. Distributed Hybrid Double−Spending Attack Prevention Mechanism for Proof−of−Work and Proof−of−Stake Blockchain Consensuses. Future Internet 2021, 13, 285.

［56］Gerrits, L.; Samuel, C. N.; Kromes, R.; et al. Experimental Scalability Study of Consortium Blockchains with BFT Consensus for IoT Automotive Use Case. In Proceedings of the 19th ACM Conference on Embedded Networked Sensor Systems, Coimbra, Portugal, 15–17 November 2021; pp. 492–498.

[57] 牛楠. 畜类产品生成信息可追溯系统的构建与实现 [D]. 重庆大学, 硕士学位论文, 2014.

[58] 栾润峰. 食品安全智慧监管的科技探索与实践 [J]. 科技中国, 2019, 258 (3): 77-83.

[59] 吴振铨, 梁宇辉, 康嘉文, 等. 基于联盟区块链的智能电网数据安全存储与共享系统 [J]. 计算机应用, 2017, 37 (10): 2742-2747.

[60] 钟云飞, 胡垚坚, 杨玲, 等. 一种无需显现层的光栅防伪解锁方法及其装置[P]. 湖南省: CN108428139B, 2022-05-31.

4

追溯餐厅效果评估报告

4.1 概述

民以食为天，食以安为先，追溯体系是保障食品安全的利器。食品安全追溯体系通过对供应商、食材、工作人员、食客等关键信息进行记录，及时发现问题、精准定位问题根源、全面系统客观评价，助力食品或食材在采购、加工、流通、销售等各个环节持续改进，最终建立健全食品安全保障体系。

餐厅作为食品流通的重要环节之一，引入追溯体系后，在政策、品牌、信任、经营等方面均取得显著改善。对此，我们通过行业研究、问卷调研、现场考察等定性、定量手段，对餐厅引入追溯体系后的效果进行全面评估。

4.2 评价方法

对于餐厅引入追溯体系前后的效果，我们采用了行业研究、问卷调研、现场考察、技术模型等手段，全方位进行定性和量化评估。其评价方法如下。

（1）行业研究：对已经建立追溯体系的上市企业和非上市企业进行抽样研究，分析追溯体系对企业、品牌、运营等造成的影响。

（2）问卷调研：向已建立追溯体系的会员企业，发放调研问卷（调研问卷见附件），对反馈结果进行统计分析。

（3）现场考察：协会成员及相关专家对建立追溯体系的会员企业进行实地走访和现场调研，深入企业内部洞察追溯体系的效果。

（4）技术模型：利用聚类分析、因子分析、回归预测等商业智能技术模型分析追溯餐厅的群体特征及发展趋势。

4.3 整体效果

4.3.1 助力国家政策落实

近年来，我国食品质量持续改善。如图4-1所示，根据国家市场监督管理总局数据，2019年全年全国食品抽样检查4308730批次，有4211235批次合格、97495批次不合格。全年食品整体不合格率为2.26%。

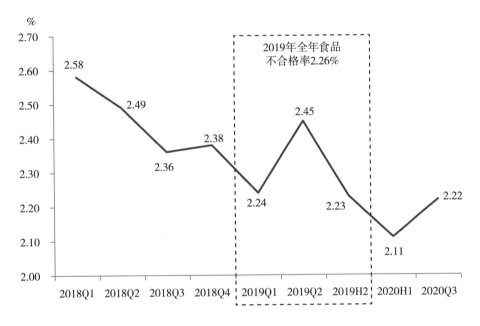

图4-1 我国食品质量问题统计①

食品安全问题的解决，依然任重道远。为此，近年国家、地方政府出台了许多政策来改善这一问题。落在"纸面"的政策，如何落实到市场的"地面"？追溯体系的建设和推广为政策的落地找到了有效途径，有力推动了国家政策落地。

被调研企业一致认为：通过追溯餐厅的实施，各项相关国家政策均在餐厅场景下落到实处，维护了食品流通秩序，规范了企业行为，保护了消费者的食品安全和健康。从企业角度看，追溯体系的建设，有利于降低企业的政策风险。

---

① 数据来源：国家市场监督管理总局，北京维赛思咨询有限公司整理。

4.3.2 企业信任

餐厅引入追溯体系后，消费者对追溯餐厅的信任度显著提升。主要表现在：

（1）客户数量普遍明显提升。被调研企业中，有60%的餐厅客户数量增加10%以上，其余40%的餐厅客户数量小幅增长。

（2）消费者投诉量降低。有40%的餐厅引入追溯体系后，投诉量较未引入追溯体系前降低5%以上。

（3）品牌知晓度和美誉度普遍提升。调研结果显示，100%的追溯餐厅其品牌形象均有不同程度的改善。追溯体系帮助餐厅自身发现问题、持续改进；在消费者眼中，追溯体系给食品增加了一道"防火墙"，消费更放心，因此，追溯体系是餐厅塑造良好品牌形象的必备工具。

以上"三升一降"（客户量升、知晓度升、美誉度升、投诉量降）的现象表明：消费者对追溯餐厅的信任大幅提升。

4.3.3 降本增效

餐厅引入追溯体系后，利润增加、成本降低。被调研餐厅引入追溯体系后利润率和成本的增幅/降幅分布如图4-2所示。

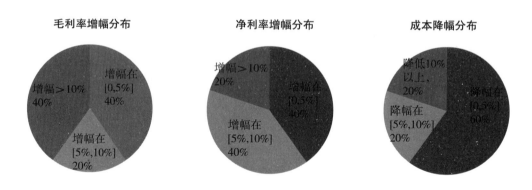

图4-2 引入追溯体系后利润率和成本的增幅/降幅分布

虽然追溯体系的建设需要企业增加建设和运营成本，但企业整体的利润上升、成本降低。调研发现，退货率是影响企业利润率和成本的关键因素之一。个别企业退货率超过10%，甚至引发投诉和赔偿。客户退货后，企业通常采取换货、退款、赔偿甚至被动整改等方式进行事后处理。

（1）换货：增加物流成本、包装成本和人力成本；

（2）退款：增加人力成本、仓储损耗；

（3）赔偿：按 10% 的净利润率计算，1 万元的赔偿金额将抵销 10 万元的销售额；

（4）被动整改：损失难以估量。

无论哪种处理方式，都将严重削弱企业的盈利水平。追溯体系的引入有助于企业提高产品品质、降低市场退货率、提高企业整体运营效率，最终使企业的整体利润率提升、成本降低。

4.3.4 责任界定

追溯体系可以帮助餐厅大幅度降低食品安全事故发生的风险，对于少量的未能杜绝的食品安全事故，追溯体系在事故责任界定方面卓有成效。调研发现，被调研餐厅利用追溯体系对食品安全事故的处理时间从追溯体系建立前的平均 1.5 天缩短至平均 7 小时，时间缩短 81%。

追溯体系对食材供应、食品生产、食品流通直到消费的每个环节均有数据记录，可精确"再现"事故过程、准确定位事故环节，并依托分布式账本（区块链）等技术，使得数据记录具有不可抵赖性，因此，避免了事故发生后扭曲事实、责任推诿等问题，提高了食品安全责任界定的效率。

4.3.5 消费信赖

与未建立追溯体系的餐厅相比，餐厅更受消费者信赖，复购率、客户满意度均显著提升，客户投诉率大幅降低（见图 4-3）。

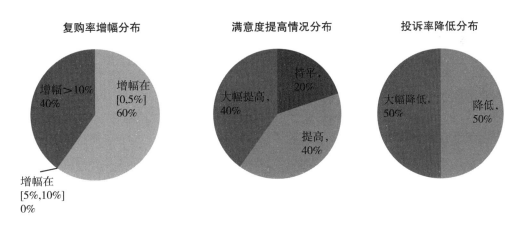

图 4-3 引入追溯体系后复购率和客户满意度分布

对食品消费而言，品质是影响消费者购买的第一因素。据国家市场监督管理总局 2022 年超过 600 万次的抽样检查统计，全国食品不合格率为 2.86%，保障食品安全，依然任重道远。

食品品质取决于食材、生产过程、流通等全过程的每一个环节，食材供应和食品生产环节存在的食品安全问题较为突出，包括农残超标、菌群超标、重金属超标等，而对于这些食品安全问题，消费者无法简单地通过肉眼进行识别，更难以定位问题根源。

追溯体系通过对食品全程化的监控，可以精准定位问题根源，最大限度地降低食品安全问题"复发""扩散"的风险，从而整体提升消费端食品品质，最终获得消费者的信赖。

4.3.6 社会责任

被调研企业一致认为：追溯体系对于企业的社会责任担当有积极的促进作用，在提高膳食质量、关爱儿童健康、提高民生品质、打击假冒伪劣、净化市场等方面贡献突出。

4.4 典型案例

4.4.1 北京健力源餐饮管理有限公司

北京健力源餐饮管理有限公司（以下简称"北京健力源"）长期致力于团餐管理、食材冷链物流、物业管理、智慧农场和美食广场发展事业，业务范围主要分布在北京、上海、天津、山东、河北、河南、浙江、江苏、安徽、湖北、重庆、四川、辽宁、吉林、黑龙江等省市，为500多家单位提供服务，每天服务人数达到150多万人。

在消费升级的大背景下，北京健力源积极开展"追溯餐厅"评定工作，引导公司正确使用追溯技术，提高食品安全的等级，降低食品经营成本和风险，建立起政府和消费者对餐饮公司的信任，获得了客户的一致好评和认可，直观体现了公司的决心和态度，解决了食品安全工作看不见、查不到、不可追溯、责任界定不清的难题，为后续持续合作，打下了坚实可信的基础。

健力源集团下属 32 家餐厅追溯能力水平均达到评定资格，被授予 A 级资质，获得追溯餐厅标识使用权。

通过"追溯餐厅"评价体系，提高了公司的追溯管理流程及标准，完善了各餐厅食品食材、加工、流通销售、信息系统及管理四大方面的标准，包括日常经营各餐厅对所用的肉、面、米、酒、食用油、果蔬、奶制品、调味品等食品（食材）及原料流通的来源、经手人、数量、凭证、时间等信息进行全程追溯的流程梳理和制度完善。

通过"追溯餐厅"的评审，公司以及体系管理中心对追溯管理有了更清晰的认知和明确的目标。集团将把追溯体系融入餐厅日常管理中，建立健全追溯体系，保障广大客户饮食安全，向社会传递企业责任担当。

4.4.2　厦门沛浪餐饮管理有限公司

厦门沛浪餐饮管理有限公司是一家专业承包（或托管）大中型企业、学校（大中小学）、机关单位、医院、监狱、金融业、写字楼餐厅的餐饮连锁企业，创立于1998年，业务以上海、厦门为中心，面向全国发展，目前已在上海、江苏、浙江、福建、武汉、河南等地区设有子公司。

厦门沛浪餐饮管理有限公司于2020年10月开始投入应用"追溯餐厅"系统，经过2年多的时间，截至目前有17家餐厅已被评定为"追溯A级餐厅"。其中，覆盖学校餐厅7家（观音山音乐学校食堂、厦门五缘第二实验学校食堂、集美高中食堂等）、企业餐厅9家（厦门361餐厅、厦门柒牌餐厅、泉州舒华餐厅、宁德时代一汽餐厅等）、社会餐厅1家（沛浪餐厅）。

"追溯餐厅"的应用为沛浪餐厅运营增加了一道全新的食品安全管理保障，在管控供应链的同时，更好地服务消费者，做到全链条的信息溯源可视化。而且二维码的应用为产品防伪、追踪溯源提供了很好的技术手段。食品只要贴上二维码电子标签，就等于戴上了新一代的电子"身份证"，消费者只需要扫食品上的二维码电子标签，就能查询食品的生产者、加工者、销售、物流等信息，从而实现了从"餐桌"到"田间"的蔬果生产、流通及消费的全过程监控，有效降低了食品安全监管设备成本。

"追溯餐厅"的应用也是对经营者的保护，一旦发生食安事故，能快速反应，追根溯源，找到关键节点，做到责任界定，帮助企业规避风险。

4.4.3　河北千喜鹤饮食股份有限公司

河北千喜鹤饮食股份有限公司（以下简称"千喜鹤"）成立于1993年，是集团餐服务、供应链管理、商业连锁、管理咨询、餐饮创业平台、粮油贸易、肉制品加工为一体的大型股份制企业，是中国团餐业百强企业。目前千喜鹤已在全国31个省、直辖市、自治区设立了200余个管理区，承担部分军事院校、武警院校和2700余家大型企业以及地方院校、政府机关与医院等的后勤保障工作，每日为600多万人提供三餐的饮食服务。

千喜鹤供应链作为全国领先的餐饮原材料和用品交易平台，致力于为全国数万家团餐食堂提供采购供应服务，缩短商品流通环节，降低食堂供应链成本，安全准确及时送达。集团于1999年搭建供应链服务体系，拥有20年的配送经验，布局全国30多个省市，为3000多家食堂配送超过1600万次，流程管控精细，配送安全及时。千喜鹤通过对采购、质检、仓储、物流等流程科学精细化的管理，解决了团餐企业原材料采购、仓储、运输、食品安全等问题，专注为全国近2500家餐饮中心提供一站式、全品类、安全及时的供应服务，为客户提供省时省力、省钱省心的安全质优的原材料，实现全程无忧的保障供应。

4.4.4　广东中膳金勺子食品集团有限公司

广东中膳金勺子食品集团有限公司（以下简称"中膳金勺子食品集团"）始创于 2005 年，专做广州佛山珠三角地区餐饮食材配送服务，提供生鲜供应、免洗净菜供应、农产品粮油蔬菜配送、商务/团体配餐、央厨预制菜、学校工厂食堂承包管理等，致力于把传统农业种植、饮食文化与现代健康理念进行完美结合，通过云 ERP 全流程无缝化管理系统构建从绿色基地一站式食材采购配送到团餐管理的现代化农产品流通新通道，为广大党政机关、企事业单位、部队院校、工厂及社区提供新鲜、健康、美味、营养的优质餐饮综合服务。

作为省重点农业龙头企业，中膳金勺子食品集团专注于团餐产业链建设和运营。食品安全问题贯穿从原材料到加工、终端配送各个环节，链条较长，任何环节出问题，都会酿成一场关乎企业生死存亡的食品安全事件。因此，中膳金勺子食品集团引入食品安全溯源作为生产经营活动中至关重要的一环，以保障供应链的健康运行、杜绝食品安全事件发生。

食品安全是餐饮企业的生命线。如图 4-4 所示，中膳金勺子食品集团作为"追溯餐厅"单位，通过食品溯源机制，推行全产业链管理透明化，主动增加消费者对食品安全的信心，引领食品行业健康发展。

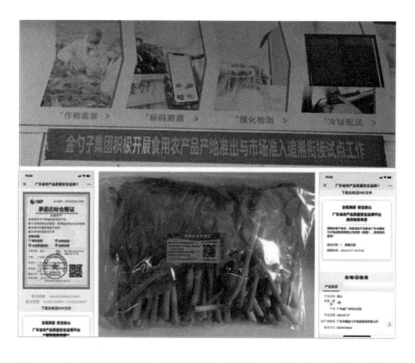

图 4-4　中膳金勺子食品集团以追溯体系管理农产品流通（以菜心为例）

目前，中膳金勺子食品集团食品安全管理已全面采用信息化监管手段，通过一物一码标签，建立覆盖食品的生产、检验、监督、仓储物流配送等的全流程食品安全管理体系，满足上下游企业、消费者、政府监管等多方需求，实现商品的每个环节相互连接。

菜心纳入追溯体系管理后，消费者、上下游企业或监管部门扫描图中二维码，即可进入到广东省食品质量安全追溯管理平台查看，产品信息清晰可见，让消费者可随时查看，放心食用。

中膳金勺子食品集团要求上游供应商供应试点品种的食用农产品必须具有承诺达标合格证，并在进货时及时完成扫码查验。同时组织管理人员加强宣传，积极推动带证产品在"粤农合格证"完成查验后将原有合格证传递给下家（采购商）或消费者，促进完成溯源传递。

中膳金勺子食品集团食品溯源工作，既立足使用实际，又着眼未来，完成了监管端、商户端和公众端三个端口在溯源平台综合一体运用，后续将继续推动食用农产品全程可追溯，共同守护人民食品安全和生命安全，为"舌尖上的安全"保驾护航。

4.5　结　论

经过对追溯餐厅效果评估，有以下几点结论。

（1）有利于国家政策落地：推动食品安全相关的国家政策在餐厅场景下落地实施，维护市场秩序、规范企业行为、保护消费者健康。

（2）提升市场对企业的信任度：企业实施追溯体系后，呈客户量升、知晓度升、美誉度升、投诉量降的"三升一降"态势，市场对企业的信任度明显提高。

（3）企业降本增效：餐厅引入追溯体系后，利润增加、成本降低。退货率降低是追溯体系帮助企业降本增效的关键。

（4）责任界定：追溯体系大幅降低了食品安全事故发生的概率，同时对安全事故责任界定更加精确，责任界定时间缩短80%。

（5）消费信赖：餐厅实施可追溯体系后，消费者复购率提升、满意度提升、投诉率下降，消费者对餐厅的信赖程度大幅提升。

（6）社会责任：追溯体系提高了企业的社会责任担当，包括提高膳食质量、提高民生品质、打击假冒伪劣、净化市场等。

附件：

调研问卷

单位名称：		
联 系 人：		电话：
项目名称	与评定之前对比，增幅百分比	
政策落实： 为响应国家号召，餐饮企业通过"追溯餐厅"建立和完善追溯体系。	政策1： 政策2： 政策3： ……	
社会责任： 提升餐饮企业自身的管理水平、企业形象，体现企业社会责任，向社会传递企业担当，展示出企业最有力的信任状态，引领行业、企业更好发展。	□提高膳食质量　□关爱儿童健康　□提高民生品质　□打击假冒伪劣、净化市场 □其他：	
企业诚信： 通过主动向公众进行可追溯能力的传递，以体现餐饮企业的安全意识及诚实守信。餐厅全方位的安全诚信的展示，成为品牌传播的有力武器。	客户数量增长：□-10%以下 □［-10%，-5%）　□［-5%，0）　□0　□（0，5%］　□（5%，10%］　□（10%以上） 客户投诉量：□-10%以下 □［-10%，-5%）　□［-5%，0）　□0　□（0，5%］　□（5%，10%］　□（10%以上） 品牌知晓度：□大幅降低　□降低　□持平　□提高　□大幅提高 品牌美誉度：□大幅降低　□降低　□持平　□提高　□大幅提高	
降本增效： 通过评定服务引导，帮助企业对餐饮食品食材的采购、库存等进行标准化管理。	毛利率：□-10%以下　□［-10%，-5%）　□［-5%，0）　□0　□（0，5%］ □（5%，10%］　□（10%以上） 净利率：□-10%以下　□［-10%，-5%）　□［-5%，0）　□0　□（0，5%］ □（5%，10%］　□（10%以上） 成本：□-10%以下　□［-10%，-5%）　□［-5%，0）　□0　□（0，5%］ □（5%，10%］　□（10%以上） 退货率：□-10%以下　□［-10%，-5%）　□［-5%，0）　□0　□（0，5%］ □（5%，10%］　□（10%以上）	

续表

项目名称	与评定之前对比，增幅百分比
消费者信任： 通过国家级行业协会授牌、媒体宣传、消费者用户体验等多渠道、多维度向社会传递信任，增加公众（消费者）对"追溯餐厅"企业的信任度，为消费者提供安全、健康的餐食，促进品质消费。	复购客户占比：□-10%以下□〔-10%，-5%）　□〔-5%，0）　　□0 □（0，5%〕　□（5%，10%〕　□（10%以上） 客户满意度：□大幅降低　□降低　□持平　□提高　□大幅提高 客户投诉量：□大幅降低　□降低　□持平　□提高　□大幅提高
责任界定： 餐饮企业食品（食材）安全事故大多数是由采购（比如农药超标）、包装、环境污染以及配送操作不当等原因导致的，追溯餐厅帮助企业管理层进行责任界定。	追溯前后年均食品事故变化：□大幅降低　□降低　□持平　□提高　□大幅提高 追溯前事故责任界定平均时长：＿＿＿天＿＿＿小时 追溯后事故责任界定平均时长：＿＿＿天＿＿＿小时
智慧营销： 连接消费者 提升销售额	最终消费者需求吻合度：□大幅降低　□降低　□持平　□提高　□大幅提高 消费端库存积压：□大幅提高　□降低　□持平　□提高　□显著提高 能否根据消费者需求变化及时调整食品供应：□能　□不能 销售额变化：□-10%以下　□〔-10%，-5%）　□〔-5%，0）　　□0 □（0，5%〕　□（5%，10%〕　□（10%以上）
大数据： 数据驱动 精准决策	大数据使用情况：□已用　□未用 若已用： 大数据用于：□供应链管理　□采购决策　□库存控制　□需求洞察　□成本管理 □市场营销　□品牌塑造　□其他 大数据发挥的作用：□捣乱　□没用　□有用　□很有用

案例分享篇

5

中科易德——基于可信区块链的智慧农业
"产+储+运+销"一体化服务平台

5.1 公司简介

广州中科易德科技有限公司（以下简称"中科易德"），是由广州软件应用技术研究院（原"广州中国科学院软件应用技术研究所"）孵化成立的科技企业，企业前期已获得广东省食品监管大数据工程技术研究中心和广州市数据智能与应用技术重点实验室的认定，目前已掌握 70 多项国家级、省级标准规范，50 多项核心自主知识产权，已通过 ISO 27001 信息安全管理体系认证、ISO 9001 质量管理体系认证。

中科易德整合区块链、人工智能、物联网、大数据等技术自研区块链溯源平台、食药品监管平台为全球客户提供食药品一体化监管、区块链溯源、区块链综合服务、数字乡村等产品服务和行业解决方案。

作为深耕区块链溯源与食药监管领域多年的科技企业，中科易德先后承担了国家级、省部级科研项目开发，科技成果转化产品在全国 30 多个地区和各监管部门得到广泛应用和认可，包括连续 4 年获国家药品监督管理局嘉奖的广东省智慧药监平台、已接入国务院小程序的广东省冷库通系统、覆盖全省 21 个地级市的广东省食用农产品市场销售质量安全监管系统以及全行业适用的中科易溯源 SaaS 平台等，已服务包括政府监管部门，食品、农业、医药、化妆品、连锁经营等行业在内的 10 万+客户。

5.2 项目背景

强国必先强农，农强方能国强。农业强国是社会主义现代化强国的根基。党的二十大在擘画全面建成社会主义现代化强国宏伟蓝图时，明确提出加快建设农业强国。2023 年中央一号文件进一步提出，要立足国情农情，体现中国特色，建设供给保障强、科技装备强、经营体系强、产业韧性强、竞争能力强的农业强国。

2015 年，国务院办公厅发布的《关于加快推进重要产品追溯体系建设的意见》推动了加快应用现代信息技术建设重要产品追溯体系的进程。到 2022 年，追溯体系建设的规划标准体系得到完善，法规制度进一步健全；全国追溯数据统一共享交换机制基本形成，初步实现有关部门、地区和企业追溯信息互通共享；食用农产品、食品、药品、农业生产资料、特种设备、危险品、稀土产品等重要产品生产经营企业追溯意识显著增强，采用信息技术建设追溯体系的企业比例大幅提高；社会公众对追溯产品的认知度和接受度逐步提升。

中研普华产业研究院发布的《2021—2026 年中国防伪溯源行业市场深度调研分析与发展前景预测报告》显示，防伪溯源市场规模预计于 2023 年达到 1960 亿元。但是传统的数据采集，存在数据库中心化、数据孤岛、窜货等诸多问题，每个环节的数据都可以人为篡改，很难真正做到产品数据的溯源保真，企业的品牌及消费者的权益保障仍然面临巨大的挑战。

5.2.1　面临的挑战

（1）数据孤岛严重

实践中存在多系统、多渠道、多部门分头操作，使得环节不对接、信息不共享、过程信息不能有效加载，难以实现真正意义上的全环节追溯。

（2）数据可信度不高

溯源数据的采集仍以手工录入为主，瞒报、漏报、错报现象严重。缺乏规范的溯源数据保存机制，导致其在存储过程中有被篡改的风险。

（3）数据采集不全面

数据采集手段有限，采集设备的种类和数量都有所欠缺。对数据的利用较为初级，无法真正通过大数据为行业赋能。

5.2.2　面临的机遇

新的挑战需要引入新的技术加以解决，区块链作为新一代信息化基础设施，由于其去中心化、不可篡改、易追溯的特性，被认为是解决食品溯源问题的最佳方案之一。

区块链是分布式或共享式账本，用于存储数字交易的记录，确保业务网络中的多个参与方可以访问和看到这些记录，同时保证记录的安全。在进行每笔交易后，数字共享账本都会进行更新和验证，从而形成安全、永久的交易记录。这样，买方、卖方和物流供应商等参与方之间就可以实现更快速、可审计、基于许可权的 B2B 互动。

区块链为供应链网络带来的主要好处在于建立了共享、安全的信息流记录；为供应链交易、流程及合作伙伴网络提供了"事件的共享版本"。这种"事件的共享版本"有助于提高供应链的效率，改善多方协作，简化出现异常或争议时的解决流程。

5.3 平台简介

可信区块链的智慧农业"产+储+运+销"一体化服务平台是基于"区块链+一物一码"技术，贯穿农业产、储、运、销等业务场景全过程溯源的云平台。它借助云计算、大数据、区块链和物联网应用技术与设备，实现了农产品从原料种植、养殖、生产加工、包装物流、销售及售后服务等数据上链，打通了农产品生产、加工、流通整个流程，形成了一个完善的来源可追溯、去向可查证、责任可追究的安全信息可信追溯闭环。

通过区块链溯源的业务系统的对接智能化采集关键数据，同时结合物联网应用技术和数据采集设备，并通过区块链去中心化、可追溯、不可篡改的可信存证和解析，确保商品的唯一性和真实性。

以溯源二维码为载体，帮助企业轻松实现区块链生码、数字化赋码、产品全过程数据上链、可信存证保真、公众端防伪溯源和品牌塑造等，实现企业人、机、物、法、环互联和数据互通，环环相扣。

根据政府监管要求与标准，对接监管平台，强化全过程质量安全管理和风险管控，真正实现产品的源头可查、过程可溯、去向可追、原因可查清、问题产品可处置、风险可管控。

解决各行各业供应链信息不透明的问题，从源头解决消费品信任问题，保障消费者利益的同时实现客户的品牌价值增长。充分发挥数据作为基础资源和创新引擎的作用，为客户实现各业务环节的数据串联和价值提取，建立从产品源头到消费终端的全流程溯源体系。

5.4 技术方案

5.4.1 总体架构

（1）信创基座：以国产自主芯片架构、操作系统、密码体系、数据库、中间件等基础设施为基座，全面适配信创需求。

（2）可信区块链溯源中台：从标识、采集、共享三个层面提取区块链共性服务需求，为上层应用提供支撑。

（3）生产种养殖管理系统：实现种养殖过程数据的录入，并与批次进行关联绑定。支持对接物联网设备进行自动化采集。

（4）仓储物流协同管理系统：形成仓储和运力资源池，实现供需之间的智能匹配。引入田头共享移动冷库动态调配算法，实现对移动冷库、冷链车辆的高效利用。

（5）流通销售管理系统：面向流通端企业和商户提供便捷的进销存管理平台。支持对接上游，实现一键进货。

（6）大数据食安监管平台：基于海量溯源数据为监管部门提供食品安全事件快速应急处理、靶向抽查、数据综合分析等功能。

系统架构如图 5-1 所示。

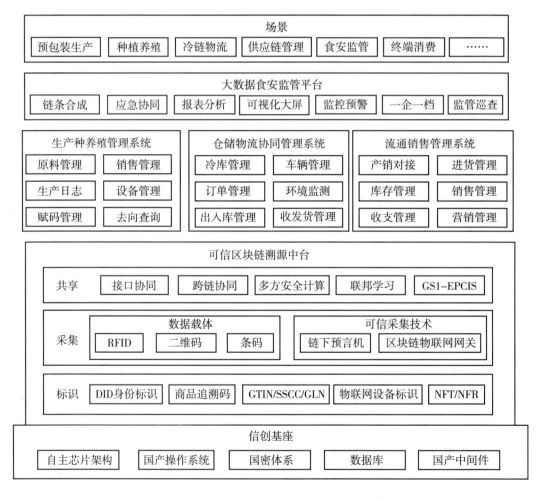

图 5-1　系统架构

5.4.2 建设内容

（1）物联网可信数据上链

本系统拟解决的问题是物理世界数据上链可信性难以保障。如图 5-2 所示，RPIOT-220 盒子是一款具有区块链上链、平台交互、上位机交互、传感器数据采集、数据存储、系统监控、数据加密、数据补传、日志系统等功能的物联网产品。其特点如下。

1）区块链签名和认证，保证数据唯一性和防伪。

2）支持不同传感器，使用 modbus 协议 485 接口接入。

3）支持 232 协议设备接入。

4）数据加密，推送第三方，防止数据信息泄露。

5）配置方便，通过上位机用串口设置参数和获取系统信息。

6）安装简易，支持 4G 和网口。

7）平台接入和控制，数据能接入平台且能接收平台控制。

8）数据存储，支持 16G 以上。

9）支持数据补传，支持千万级（条）数据缓存。

10）即插即用。

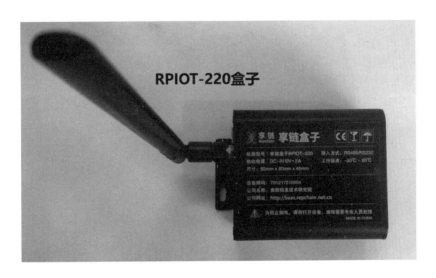

图 5-2　RPIOT-220 盒子

（2）面向农业种养殖的联邦学习框架

解决的问题：种养殖以经验为主，由于环境因子过多，难以训练出可用的模型，如图 5-3 所示。

1）利用区块链技术为"端—边—云"多层级计算模式下物联网设备及数据的安全与隐私管理提供支撑，建立边缘设备之间以及边缘设备与云端平台间的信任机制，实现高效的数据流动和联邦学习。

2）结合流通端的销售数据形成产销对接模型，指导生产端的计划制订，实现"以产促销，以销定产"的良性循环。

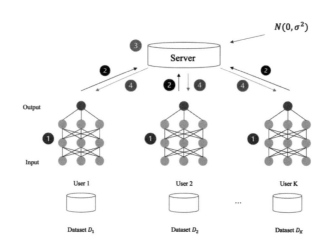

图 5-3　联邦学习框架

（3）仓储物流协同管理

面临的问题："最先一公里"储运衔接不顺畅，农产品产后损失和食品流通浪费较多，如图 5-4 所示。

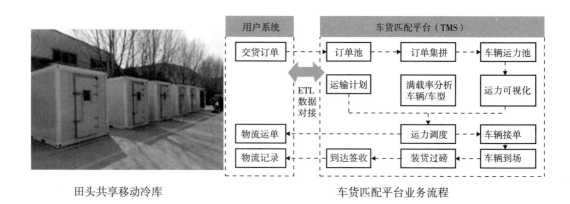

田头共享移动冷库　　　　　　　车货匹配平台业务流程

图 5-4　仓储物流协同管理

1）引入田头共享移动冷库动态调配算法，整合季节、品种、气候、历史产量以及传感器采集的数据，预测各农田区域每天的产量和储运需求，实现对共享移动冷库、冷链车辆的智能高效调配。

2）需求方可通过平台发布需求，由平台根据运力和仓储资源池情况进行匹配，完善冷藏车和冷链设施设备共享共用机制，探索共享经济新模式。

（4）供应链数据凭证化

面临的问题：中小企业面临"融资难、融资贵"问题，供应链上存在信息孤岛，核心企业信用不能传递，如图5-5所示。

1）由权威监管部门发放空白数据资产凭证，作为可验证数字凭证的信任源点。

2）数据主体在链上授权数据提供方，为指定使用方、指定数据条目生成数据凭证。

3）数据提供方使用空白数据凭证，为指定使用方、指定数据条目生成数据凭证，并在链上存证。

4）数据使用方验证数据凭证的合规性。

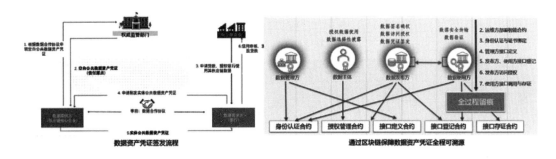

图 5-5　供应链数据凭证化

（5）全环节数据可追溯

实现了对产品种植、加工、流通等环节信息的溯源管理，为政府部门提供监督、管理、支持和决策的依据，为企业建立包含生产、物流、销售的可信追溯体系，实现农产品从田间到餐桌的全生命周期管理，实现源头可追溯、流向可跟踪、信息可查询、责任可认定、问题产品可召回的功能，如图5-6所示。

（6）大数据食安监管平台

如图5-7所示，其主要功能如下。

1）食品生产流通问题发现模型，实现靶向监管、分级预警。

2）支持上下游链条合成，实现食品安全事件快速响应和召回。

3）提供丰富的可视化统计报表，帮助监管部门掌握市场整体趋势。

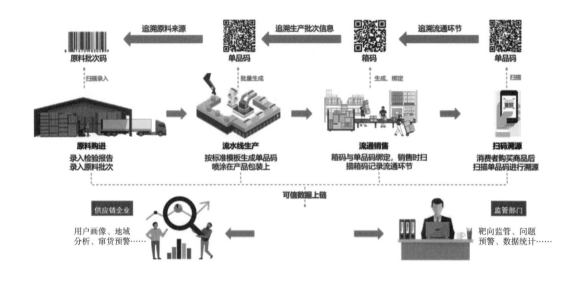

图 5-6　全环节数据可追溯

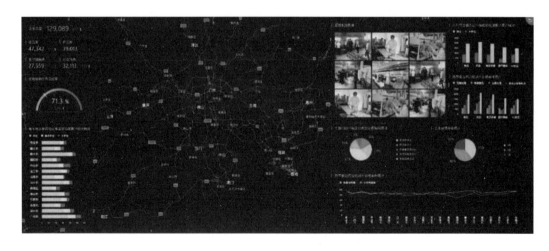

图 5-7　大数据监管平台

（7）公众溯源查询应用

如图 5-8 所示，消费者可通过微信公众号/小程序、手机 App，以及终端溯源查询设备等扫码查看产品从原料、生产到流通的全环节溯源信息。以溯源为入口，举办扫码溯源领积分、领红包等促销活动，增加用户黏性，也可借此收集用户画像信息，实现精准营销。

图 5-8　公众溯源查询应用

5.4.3　技术特色

如图 5-9 所示，国产自主可控区块链平台 RepChain 是采用响应式编程实现自主可控的许可链，是中科院软件所自主研发的国产软件，具备以下特征。

（1）标准化：尽可能采用经过实践验证的标准组件。一方面可以大幅减少代码量，容易为他人改造使用；另一方面基础功能稳定，能满足工程实施的要求。

（2）模块化：采用 Actor 模型实现。网络节点之间以消息格式交互，节点内部以状态驱动，从而具备模块替换的可行性。

（3）可视化：区块链系统的共识部分，非专业人士不好理解，可视化的目标是将复杂的交易传播、共识入块的过程直观化，容易理解。

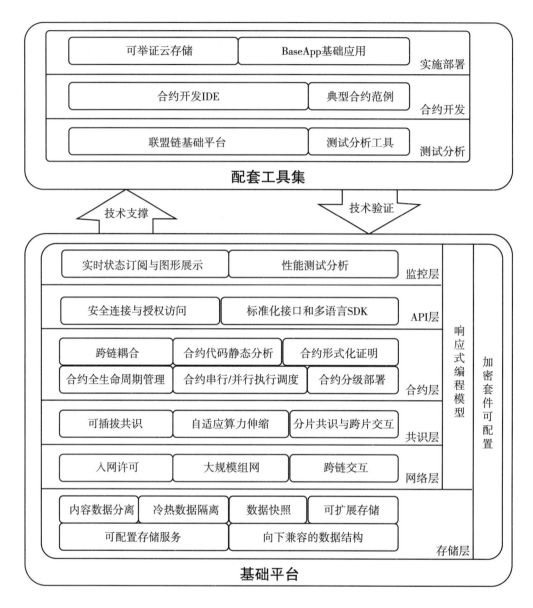

图 5-9　国产自主可控区块链平台 RepChain

5.5　核心业务流程

5.5.1　种养殖基地生产管理流程

如图 5-10 所示，该流程完成了每批农产品与种养殖及过程农事操作、质检信息的关联。

（1）种养殖管理人员登录种养殖管理子系统；

（2）新增种养殖批次，包括种养殖品种、使用地块、播种或移栽时间、预计采收时间、预计产量等信息，系统自动生成种养殖批次；

（3）系统自动为每个种养殖批次生成批次追溯码；

（4）在种养殖过程中，种养殖人员可在企业溯源管理后台记录每次农事操作，每次农事操作需关联一个种养殖批次，支持添加农事类型、农资品牌和用量，可上传农事操作照片或视频；

（5）针对每个批次进行质检后，可在企业溯源管理后台录入检测报告，并关联到对应的种养殖批次。

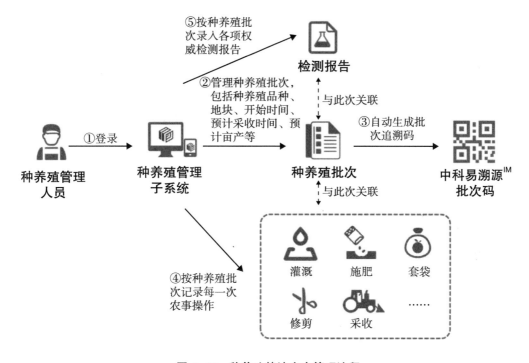

图 5-10　种养殖基地生产管理流程

5.5.2　种养殖基地采收包装及赋码流程

如图 5-11 所示，该流程完成了种养殖批次与采收动作的关联，并为每个包装单位的实体农产品赋予了种养殖、检测等相关追溯信息。

（1）种养殖管理人员登录种养殖子系统；

（2）选择到期采收的种养殖批次单据并发起采收；

（3）可根据预计包装数量打印批次追溯码不干胶标签；

（4）采收人员进行采收；

（5）采收人员按照规定规格进行包装；

（6）在每个包装上贴上批次追溯码标签。

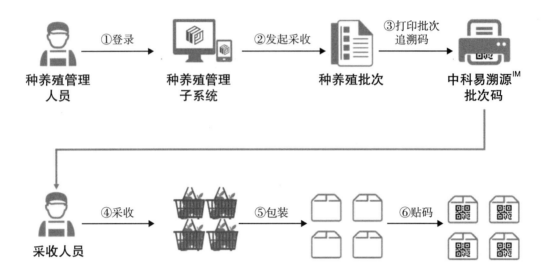

图 5-11　种养殖基地采收包装及赋码流程

5.5.3　集配中心采购入库流程

如图 5-12 所示，该流程为商品追溯码增加了集配中心采购入库的节点信息。

（1）集配中心采购人员登录集配中心子系统；

（2）根据销售订单量创建采购订单；

（3）采购商品到货后，仓库管理人员使用手持设备登录集配中心 App，选择对应的采购订单；

（4）扫描待入库的商品包装上的二维码，确认入库；

（5）系统自动生成采购入库单，与采购订单关联。

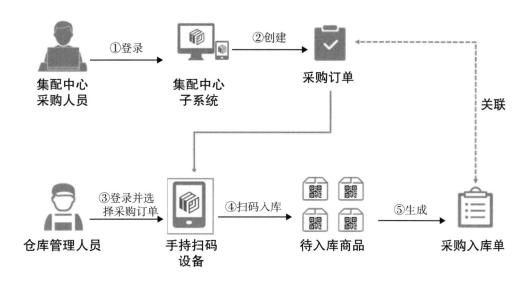

图 5-12 集配中心采购入库流程

5.5.4 集配中心生产加工流程

如图 5-13 所示，该流程可为商品追溯码增加集配中心生产加工节点信息；若无须追溯生产加工节点，则此步骤保证了包装加工前后的追溯链条信息的完整性。

（1）集配中心生产管理人员登录集配中心子系统；

（2）创建生产加工单，录入计划生产的商品、规格及数量等信息；

（3）根据计划生产数量打印批次追溯码（或一物一码）不干胶标签；

（4）生产人员使用手持设备登录集配中心 App，选择对应的生产加工单；

（5）扫描原料包装上的二维码，为对应的生产单录入原料；

（6）加工完成后，将第（3）步打印的批次追溯码贴在加工成品的包装上；

（7）若成品需进一步装箱，可在第（3）步打印多一些追溯码作为箱码，贴在外包装箱上，装箱时，先扫描箱码，再扫描成品包装码同时装箱，完成单品码与箱码的关联。

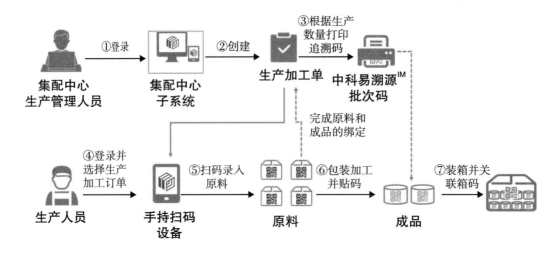

图 5-13　集配中心生产加工流程

5.5.5　集配中心生产加工入库流程

如图 5-14 所示，该流程可为商品追溯码增加集配中心生产加工入库节点信息；若无须追溯此节点，则此步骤保证了加工后成品的出入库追溯链条信息的完整性，也便于集配中心内部库存管理。

（1）生产加工完成后，仓库管理人员使用手持设备登录集配中心 App，选择对应的生产加工单；

（2）扫描待入库的成品包装或外包装箱上的二维码，确认入库；

（3）系统自动生成生产入库单，与生产加工单关联。

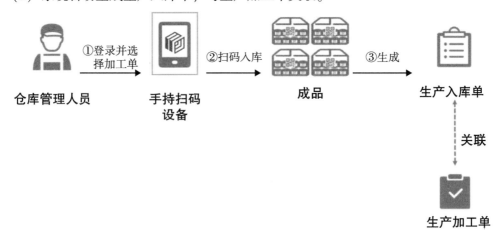

图 5-14　集配中心生产加工入库流程

5.5.6 集配中心销售出库流程

如图 5-15 所示，该流程为商品追溯码增加销售出库节点信息。

（1）集配中心销售人员登录集配中心子系统；

（2）创建销售订单，录入销售商品名称、规格、数量等信息；

（3）仓库管理人员使用手持设备登录集配中心 App，选择对应的销售订单；

（4）根据销售订单完成拣货，并使用 App 扫描待出库的商品包装或外包装箱二维码，确认出库；

（5）系统自动生成销售出库单，与销售订单关联。

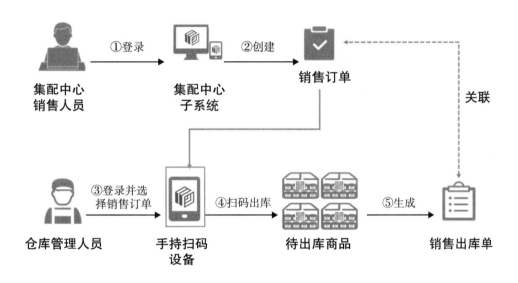

图 5-15 集配中心销售出库流程

5.5.7 经销商接货流程

如图 5-16 所示，该流程为商品追溯码增加经销商进货节点信息。

（1）经销商管理人员登录经销商微信小程序，选择待接货单；

（2）使用微信小程序扫描待接货的商品包装或外包装箱上的二维码，确认接货；

（3）系统自动生成已接货进货台账。

图 5-16　经销商接货流程

5.5.8　经销商销售流程

如图 5-17 所示，该流程为商品追溯码增加经销商销售节点信息。该流程适用于多级经销商流通链条，若下一级节点为终端消费者，则无须进行销售单录入。

（1）经销商管理人员登录经销商微信小程序；

（2）创建销售单，录入商品名称、规格、数量等信息；

（3）使用微信小程序扫描商品包装或外包装箱上的二维码；

（4）提交销售单，系统将自动生成销售台账。

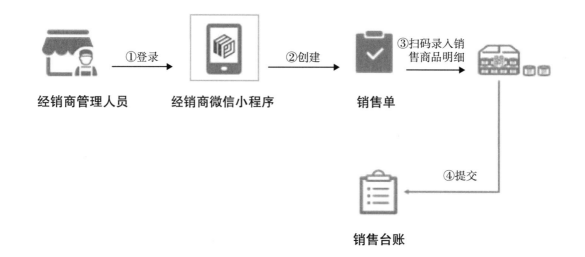

图 5-17　经销商销售流程

5.5.9　物流运输过程数据采集及查询流程

如图 5-18 所示，该流程实现了"产地—集配中心"与"集配中心—经销商"两条主要路径之间物流过程数据的采集，并支持企业综合管理平台、公众端、集配中心子系统实时查询。

（1）集配中心采购或销售人员登录集配中心子系统；

（2）选择采购订单或销售订单，即需要安排物流进行采购取货或销售配送的订单；

（3）向第三方物流系统发起物流订单（此步需第三方物流系统配合实现系统对接或改造）；

（4）第三方物流系统生成物流订单；

（5）第三方物流运输企业排班并派出车辆；

（6）车辆运输途中记录车厢监控视频、各项环境监控指标等过程数据；

（7）过程数据要支持企业综合管理平台、公众溯源端、集配中心子系统查询。

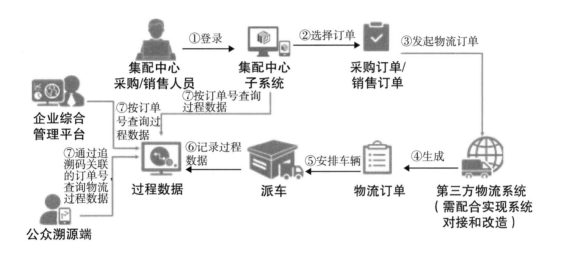

图 5-18 物流运输过程数据采集及查询流程

5.5.10 消费者扫码溯源流程

（1）消费者购买商品后，扫描商品包装上的二维码；

（2）打开溯源 H5 页面，查看区块链证书及种养殖信息、产地—集配中心的物流运输信息、集配中心出入库及仓储信息、集配中心—终端零售物流运输信息、终端零售进货信息、销售信息等完整的生成和流通追溯链条（见图 5-19）。

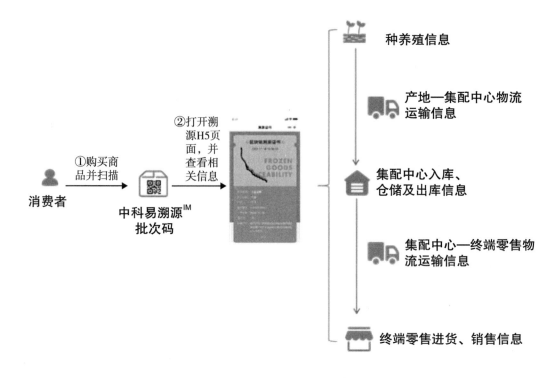

图 5-19　消费者扫码溯源流程

5.6　项目实施成果与推广意义

5.6.1　实施成果

广东省区块链食用农产品溯源平台是广东省市场监督管理局、广东省药品监督管理局的首个数据去中心化的跨省溯源技术平台，实现对婴配、食用油、水产品等重点监管品种的溯源示范，并参与起草了国家食品溯源标准。

目前该平台已通过国家互联网信息办公室境内区块链信息服务备案，在珠三角地区进行全面推广，覆盖华南最大的黄沙水产市场、江南果蔬市场、钱大妈、卜蜂莲花、南沙十四涌等超过 600 多个节点，超过 8000 户个商户，入选"2019 年广州市区块链应用示范场景优秀案例""2020 广州市区块链赋能实体经济十大场景"。

5.6.2　推广意义

在质量安全与追溯的领域，区块链基于去中心化、公开透明、难以篡改等特性，将所有记录的信息按时间戳进行上链存储，使生产者、消费者、销售者、运输者的互信关系得以重塑。每个参与者都获得了整个食品由产至销的监督权限，各个节点信息录入者的造假成本大幅增加，市场的公共约束力有效增强。

在农业信息化上，通过接入智能终端设备监控农业生产过程中的各类指标（包括气象环境、土壤情况、设备状态等），通过高清摄像机或者照相机远程观察和监控生产园区中一系列智能终端设备（如降温、加湿、抽风、施肥等），实现农业大棚信息检测和标准化生产监控，帮助用户精确了解农作物生长情况、病虫害情况、土地灌溉情况、土壤空气变更情况等。

在农业管理决策上，通过对体系内的各种过程数据分析，将各节点实时监控视频、环境指标、流通情况以及各类统计分析报表整合到统一的界面上，建立农产品生产流通大数据指挥中心，借助数据可视化手段，帮助管理团队人员从大量的监控数据中快速定位关键信息，从而有效提升管理能力。

在农产品安全上，基于"区块链+一物一码"技术，通过产品身份识别码，建立产品从"原种养殖—生产加工—仓储物流—终端销售—市场消费"的全链条可追溯体系，实现农产品从田头到餐桌的全生命周期溯源管理，实现农产品的来源可追溯、去向可查证、风险可管控、责任可追究，降本增效，提升农产品安全保障能力。

6

数码通科技——卫岗乳业产品追溯防窜解决方案

6.1 公司简介

北京数码通科技有限公司（以下简称"数码通"）成立于 2016 年，是一家为企业提供多种场景下与用户进行高效沟通解决方案的数据科技公司。它通过自主知识产权的物联网与互联网相结合的先进技术，依托"一物一码"技术，为企业提供商品赋码、数字营销、追踪溯源、防伪防窜、会员运营等解决方案。数码通与两大国际包材供应商携手，从生产端解决赋码问题，打造低成本万物互联。与此同时，数码通深耕快消品行业，有幸作为"100+快消品企业的数字营销大脑"为客户提供"一物一码"数字化解决方案。

基于多年服务快消品行业的经验，以及团队专业人才对快消品企业供应链的了解，数码通根据客户业务场景真实痛点设计了追溯防窜解决方案，通过以单包或小提为单位，控制产品追溯最小单元，实时采集真实的生产运输数据，通过关联生产系统接口、消费者扫码数据回传，打通从工厂到经销商再到消费者的产品生命周期链路，帮助企业构建供应链数字化体系。

6.2 项目背景

6.2.1 溯源行业现状

所谓的"追溯"就是一种还原产品生产和应用历史及其发生场所的能力。通过建立食品追溯体系，可以提高各个生产环节的管控能力，同时在发生和可能发生食品安全问题时，及时实行产品召回或撤回，并能够准确地分析产生的原因，制订处理方案和制定整改措施。产品溯源是对产品原材料的生产、加工、仓储、物流、销售、流通和服务进行的全生命周期管理，是一项大工程。围绕追溯体系建设，国家和各行业主管部门陆续出台了一系列政策。

在法规层面，《中华人民共和国食品安全法》第四十二条规定，国家建立食品安全全程追溯制度。食品生产经营者应当依照本法的规定，建立食品安全追溯体系，保证食品可追溯。国家鼓励食品生产经营者采用信息化手段采集、留存生产经营信息，建立食品安全追溯体系。国务院食品药品监督管理部门会同国务院农业行政等有关部门建立食品安全全程追溯协作机制。

在标准化层面，《国务院办公厅关于加快推进重要产品追溯体系建设的意见》（国办发〔2015〕95 号）指出，要结合追溯体系建设实际需要，科学规划追溯标准体系。针对不同产品生产流通特性，制定相应的建设规范，明确基本要求，采用简便适用的追溯方式。以确保不同环节信息互联互通、产品全过程通查通识为目标，抓紧制定实施一批关键共性标准，统一数据采集指标、传输格式、接口规范及编码规则。加强标准制定工作统筹，确保不同层级、不同类别的标准相协调。其中第六条规定，推进食品追溯体系建设，围绕婴幼儿配方食品、肉制品、乳制品、食用植物油、白酒等食品，督促和指导生产企业依法建立质量安全追溯体系，切实落实质量安全主体责任。推动追溯链条向食品原料供应环节延伸，实行全产业链可追溯管理。

在信息化层面，随着追溯技术的发展和追溯体系建设工作的深入，信息化追溯体系建设及其标准化工作提上议事日程。2017 年 2 月 16 日，商务部、工业和信息化部、公安部、农业部、国家质检总局、国家安全监督管理总局、国家食品药品监督管理总局等七部门联合发布《关于推进重要产品信息化追溯体系建设的指导意见》提出，建立目录管理制度、完善追溯标准体系、健全认证认可制度、推进追溯体系互联互通、促进线上线下融合、强化追溯信用监管等六大基本任务以及食用农产品追溯体系、食品追溯体系、药品追溯体系、特种设备追溯体系等八个分类任务。

在企业运营销售过程中，为了在市场竞争的红海中，满足数字经济时代对企业自身的硬性要求，就需要在传统的产销运营模式中寻找突破口，利用科技手段解决窜货假冒、供应链各环节信息割裂、营销费用投出产出比低、无法触达终端和消费者等问题。选择更加合适产业性质与业务场景的系统平台，能够帮助企业更快更省成本地破局。

6.2.2 卫岗乳业简介

南京卫岗乳业有限公司（以下简称卫岗乳业）始于 1928 年，其前身是宋庆龄、宋美龄姐妹共同创建的国民革命军遗族学校实验牧场。历经 90 多年的传承创新，卫岗乳业现已成为国家农业产业化重点龙头企业、中国食品百强企业、江苏省先进乳品生产企业，卫岗牛奶成为中国优质农产品、江苏省名牌产品。2011 年，卫岗乳业荣获"中华老字号"称号，这也是国内较早获此美誉的乳品生产企业。卫岗乳业成为国家资质认定的"中国学生饮用奶定点生产企业"，为广大中小学生生产在校饮用的优质牛奶。2014 年，卫岗乳业通过层层选拔，凭借新鲜、安全的品质，成为南京青奥会的乳品供应商。

为提升牛奶生产的现代化水平，确保牛奶制品的优质安全，卫岗乳业投资数亿元，在南京、泰州、徐州、芜湖建立四大现代化的乳品工业园，引进了数十条优质的生产设备及良好的加工技术，可生产各类乳制品近 200 个品种。企业投入数千万元引进优良的检测仪器，产品历经 28 道严格检测，从而保证了每一瓶牛奶的品质安全。

奶源品质是决定牛奶品质的关键。从诞生之日起，卫岗即坚持"先建牧场，再做市场"的理念，公司先后在苏皖地区建设了多个生态科技牧场，掌控 4 万余头纯种荷斯坦奶牛，用超新鲜的奶源，赢得了万千家庭的信赖。

以新鲜的奶源为基础，卫岗牛奶逐渐走出江苏，为更多家庭带去新鲜营养。卫岗现已拥有 6000 多个销售网点，产品覆盖江苏、安徽、山东、福建、浙江、河南、上海、海南等地区，成为更多家庭的营养之选。

作为江苏省乳品生产企业，卫岗还与众多大型企业建立了良好、长期的合作关系。卫岗长期为星巴克、COSTA、巴黎贝甜、85℃、蓝色牙买加等国内外品牌提供新鲜的牛奶，卫岗产品也广泛进驻沃尔玛、家乐福、苏果等大型卖场。

6.3　追溯体系建设

6.3.1　体系概述

南京卫岗乳业有限公司计划开发对属下产品进行全生产物流链的追踪追溯防窜管理平台，通过对产品的生命周期管理，实现产品质量的跟踪、企业数据的收集整理，为企业决策起到辅助的作用。

追溯防窜管理平台是一个网络应用平台。它以 ERP 系统为上游支撑系统，结合生产企业各部门、下游往来单位（如经销商、销售终端等）等实际需求，是为卫岗乳业定制的对生产物流进行记录的应用平台。

追溯防窜平台项目首期在卫岗乳业 250 毫升纯牛奶产线进行。根据对卫岗乳业的调研，在首期的追溯防窜项目中，软件为全平台解决方案，硬件解决方案以产线为主。

6.3.2　建设目标

在项目建设完成后，初步建立追溯防窜标准体系。

（1）标识体系

标识体系包含产品、产线设备及使用者的标识体系。

（2）感知系统标准

码制：形成二维码搭配使用的标识标签体系。

识读器：形成赋码采集传输硬件标准。

（3）服务平台标准

软件平台：形成模块式开发及功能扩展接口的框架。

数据服务：数据关系结构，追溯防窜各节点信息关联方法。

资源交换：数据交换格式，与 ERP 系统接口标准。

6.3.3 追溯防窜平台概述

追溯防窜管理平台重点处理生产信息、物流信息等后台信息流的整合，从产品生产到最终消费者，实现全生命周期的数据管理，建立完整的产品追溯防窜体系。为企业实现统一管理、质量追溯、防伪防窜、报表统计等应用，平台按照功能模块划分，包括基础数据管理、数码管理、生产管理、仓库管理、物流管理、窜货分析、经销商管理、权限管理及报表模块。

卫岗乳业进行的追溯防窜项目不仅是一个以软件为核心，结合自动识别技术、自动识别体系的系统集成项目，而且涉及生产管理软件及部门、仓储物流管理软件及部门，是一个整合了生产物流重要业务的系统集成项目。

建设实现从生产到消费者（生产采集、仓储、物流、经销商、消费者）的生命周期追溯防窜管理，从生产信息采集、仓储库房信息、物流流向记录、经销商销售地区，消费者扫码统计的每个环节的信息进行记录、统计、分析。

完成产品 250 毫升纯牛奶外箱直接赋码，建立与托盘的关联关系，建立产品出库关联一级经销商。建立健全基础数据管理平台，实现与企业现有 ERP 系统对接，企业管理部门可通过平台完成产品流向查询和统计，消费者扫描二维码可以查询验证产品基本信息等。

6.3.4 追溯防窜项目整体流程

根据调研情况，我们制定了如下流程。

（1）生产环节

由数码通根据生产信息批量生成一箱一码，打包发给纸箱厂，协助企业进行预赋码。在生产时，利用二维码识读设备在产线上进行实时采集，箱组垛满一托盘之后，生成虚拟托盘，通过追溯防窜应用平台实现箱托二级关联。以上生产数据在平台上均可实时检测，支持企业高速化生产。若出现采集异常，则将箱进行剔除，剔除后手动处理。追溯防窜平台支持目的样采集功能，在采集设备上输入采集数量，目的样则将按照预设方式进行剔除。

（2）入库环节

根据仓库自动化建设程度的不同，支持自动入库与手动入库方式。当工厂自动化程度较高时，可进行产线硬件改造，在传送带上通过采集设备完成采集，每达到预设的整托数量后，系统自动建立箱托关系，自动入库。当工厂以手动入库为主时，则通过手持 PDA 单箱扫二维码完成入库。

（3）出库环节

平台支持整托出库与半托出库的不同情况。需进行整托出库时，由 PDA 扫描整托任意一箱二维码实现整托出库，节省人工占用；发货数据自动上传，发货准确、节省人工记录与对账时间；结合装箱单信息，实现发货数据与 ERP 信息对接。需进行半托出库时，由 PDA 扫描半托任意一箱二维码，输入数量实现半托出库。

（4）流通环节

通过流通后段环节扫码信息分析，对窜货情况进行预警。数码通一物一码技术支持一码双效，生产系统通过生产端口扫描唯一二维码，完成追溯信息的录入与查询，消费者通过常用微信端口扫码，参与品牌营销活动。利用消费者（或经销商）在扫码参与活动时体现的地理位置，系统后台自动核实每箱码的唯一 ID 和产品原有发货流向，提供到货区域和查询区域的深度分析、预警，从而有效遏制经销商窜货。

（5）对接环节

实现卫岗乳业 ERP 和追溯防窜系统等对接。通过产品追溯防窜系统信息化支撑，每箱产品将关联生产线编号、产品编号、生产日期等生产数据，出库关联经销商等信息，对内可以进行质量管控和溯源，对外可以给消费者提供产品追溯防窜信息。

6.3.5　解决方案

（1）应用架构方案

作为未来可支撑卫岗乳业数字化工厂的核心基础平台之一的追溯防窜管理系统，在建设实施过程中应遵循以下原则。

扩展性：系统可与卫岗乳业现存及未来各个 ERP 系统进行对接。卫岗乳业 ERP 系统与追溯防窜平台不发生重复建设，不使用多套系统进行同一类型的工作。

稳定性：系统除满足最基本的可用性外，同时要保障生产线的稳定运行，不能影响卫岗乳业生产任务的执行。

易用性：系统提供简洁的操作界面，便于卫岗乳业各级人员的操作管理，同时提供丰富的报表查阅。

安全性：系统对于二维码的生成、传输、使用及更新等环节建立分权措施，尽最大可能保证二维码的安全。

追溯防窜管理平台采用软硬件分离的模式。云平台采用大数据库（mangoDB、Hbase）

存储数据，对数据进行集中管理，确保企业数据的安全与稳定。同时开放数据接口进行输入输出工作，与其他信息系统共享数据。客户端采用浏览器登录模式，可以在网络上直接登录并查看数据。

生产线硬件由工控机控制，本地缓存数据、智能同步数据，降低对网络和服务器等设备的要求，保证系统的稳定性。工控机属于硬件系统，与云平台采用标准传输接口传输数据。

云追溯防窜平台是以企业应用为中心，通过企业成品仓库管理、产品流程管理（批次及序列号、第三方物流、渠道、经销商、消费者），并借助 Internet 应用，实现产品追溯防窜及防窜货，通过消费者、企业稽查人员共同参与，为企业实现防窜预警。

（2）软件架构方案

为了满足卫岗乳业追溯防窜系统的高可用性及扩展性要求，追溯防窜管理平台基于 SOA 设计理念，采用微服务模式构建核心模块，以实现在不中断业务的前提下，横向拓展到其他产品线或纵向拓展其功能。软件架构示意图如图 6-1 所示。

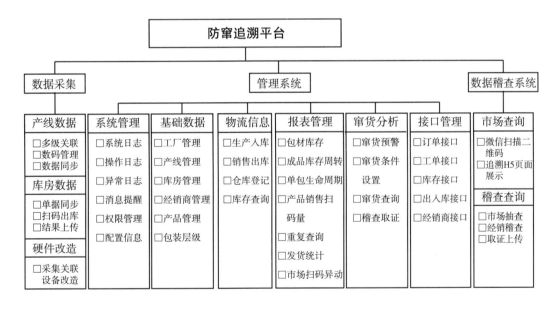

图 6-1 软件架构示意图

产线采集系统：通过产线采集二维码信息上传至追溯防窜管理平台，实现提供箱采集关联批次号、解析、监控、剔除等功能，关联关系建立。

追溯防窜管理平台：项目核心系统统一管理二维码、产线采集、PDA 等内容，同时作为追溯防窜核心系统，将集成 ERP 系统，获取产品、经销商、订单等信息。同时，第三方系统也可以通过追溯防窜管理系统提供的接口获取二维码相关数据服务，主要模块如下。

1）基础数据管理

卫岗乳业已经实施信息化系统，并实现了对这些基础数据的统一管理。随着业务功能的扩展，这些基础数据会随之扩展。这就要求追溯防窜管理平台的基础数据要与现存的信息系统实时同步，保证数据存储及数据分析的正确结果。

追溯防窜管理平台支持多种标准通信方式及接口，实现平台与信息系统的实时同步和数据共享，保证接入设备在实时处理时的正确性。

2）二维码管理

追溯防窜平台主要使用一种二维码来标识产品及其外包装，作为产品及其容器的唯一标识，起到快速识别半成品、成品的作用。

3）生产采集管理

如图 6-2 所示，生产管理是追溯防窜平台记录节点的重要组成部分，对产品的追踪和质量的管控主要来自生产管理的记录。

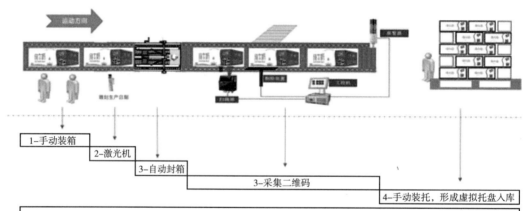

1. 二维码采集设备放在封箱机后面，封箱前可随意更换箱子；

2. 本次不与激光机进行关联，追溯防窜平台会自动生成生产日期与产品关联；

3. 封箱后进行二维码采集，采集后采集系统会进行计数，达到托盘数量后系统生产虚拟托盘。

图 6-2　生产采集管理

4）出入库管理

卫岗乳业自主建立仓库管理系统，所以追溯防窜平台的出入库管理主要记录具体成品的收发货信息，以及针对外箱的增删改查功能。其主体路径是记录产品入库—库存—出库的数据信息管理。

5）销售管理

通过手持 PDA 扫描出库，可以记录出库相关信息，有利于资源管理，记录产品的流通生命周期，合理利用流程追溯防窜系统。

6）追溯防窜管理

如图 6-3 所示，追溯防窜管理通过对产品包装箱信息和物流渠道的节点记录，实现产品信息与地域的绑定。销售后，市场稽查人员可以使用 PDA 在终端市场上巡查，对市场上的箱码做随机抽检。通过 PDA 扫描箱码，可以显示此包装箱的物流及销售区域信息；消费者在终端市场上购买产品后，如果进行扫码查看产品信息，平台也可以记录扫码时间及扫码地区。通过市场稽查人员和消费者的扫码记录，最终判断产品的窜货情况并形成报表，方便具体人员在平台中查看与操作。

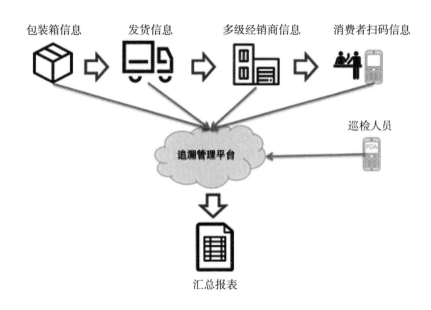

图 6-3　追溯防窜管理

7）一码多效

终端消费者扫描产品包装二维码可查询信息，其具体内容如下。

产品信息：产品名称、产品图片、生产日期。

公司信息：公司名称、公司简介。

将包装作为媒介，进行产品广告，传播企业理念与产品品质，让消费者更加信赖产品，也可设置其他营销活动，加强与消费者的互动（见图 6-4）。

图 6-4　一码多效示意图

8）防窜货报表管理

系统通过终端消费者扫码获取其地理位置进行系统分析校验，如遇可疑产品，系统会进行窜货预警，可通过相关报表来查看可疑的相关数据；总部人员可根据稽查人员通过PDA回传的信息进行产品数据统计分析。

市场抽查统计是由市场稽查人员通过 PDA 抽查经销商销售的产品，系统将信息记录反馈给后台并生成报表，总部人员可根据报表查看市场稽查人员抽查记录（见图 6-5）。

查询时间	追溯码	账号	稽查员姓名	产品名称	正常流向经销商	异动流向	稽查销售区域	稽查地址
2020-06-12 14:37:13	idj28ee49ec110d cbgjiai8g	13900194413	测试	扮美-Milk	杭州数码通		内	北京市朝阳区酒仙桥路14号
2020-06-12 14:37:09	idj28ee49ec110d cbgjiai8g	13900194413	测试	扮美-Milk	杭州数码通		内	北京市朝阳区酒仙桥路14号
2020-06-12 14:37:07	idj28ee49ec110d cbgjiai8g	13900194413	测试	扮美-Milk	杭州数码通		内	北京市朝阳区酒仙桥路14号
2020-06-12 14:36:57	idj28ee49ec110d cbgjiai8g	13900194413	测试	扮美-Milk	杭州数码通		内	北京市朝阳区酒仙桥路14号

图 6-5　防窜货报表管理

稽查取证主要是市场稽查人员通过 PDA 对窜货的产品、经销商进行窜货取证，总部人员可通过不同条件筛选查看报表。

6.3.6 核心优势

（1）省时

平台成熟稳定，SaaS 平台模式成本低，上线快。针对不同体量的企业，配备不同的硬件服务，降低中小企业数字化战略落地的成本压力，使其更快地向数字化、科学化管理模式迈进。

消费者可以扫描二维码了解产品的追溯信息并查询真伪，避免假冒伪劣产品影响企业形象。同时，随着人们对产品知情权的诉求越来越强烈，产品有了追溯信息能够让消费者更放心，对品牌更信赖。

（2）省力

数码通追溯平台助力快消品企业理顺生产、仓储、物流、销售的产品生命周期管理通路，优化手工记录的传统出入库方式，实现全流程信息透明化、可追溯单位最小化。

恶意窜货扰乱市场竞争，大大影响了企业的正常发展。通过追溯防窜平台，企业可以快速、准确地获知产品的市场流通状况，防止窜货，从而保护各地经销商的利益，避免恶性竞争。

企业可以通过消费者扫码获得庞大的消费者数据，这对企业生产规划和营销策略的制定有极大的参考价值。

（3）省心

数码通与两大国际包材供应商携手，和多家企业合作，具有丰富的实操经验。根据企业的仓储、物流情况对产线进行改造，实现软硬件适配实施；协同包材供应商进行稳定售后工作，保证后期运维有条不紊地进行。

6.4 项目总结及展望

6.4.1 项目总结

（1）实施效果

追溯防窜标准体系建立：搭建服务平台，实现产品、产线设备及使用者的标识体系，形成二维码搭配使用的标识标签体系，形成赋码采集传输硬件标准。

产品生命周期管理：从生产、仓储、物流，到经销商、消费者的全生命周期信息采集管理。产线自动采集，控制人力成本的同时，支持企业决策。

经销商管理：可视化经销商网络；窜货预警与查询管理；市场稽查情况直接拍照上传，监管经销商。

销售管理：销售区域、销售情况直观查询与分析。

数据决策：通过后台采集到的市场扫码数据，支持企业销售决策。

（2）评价反馈

这套系统补足了长期以来经销商销售情况的信息缺失，让我们能更直观地了解到产品从生产到销售的信息链条，为产品的研发和销售提供了很多依据，同时也让我们在同类企业中具备更突出的数字化竞争力。

6.4.2　后期展望

快消品供应链管理的目的是使供应链的总体效益最大化。传统的工厂—渠道商—门店—消费者的流转方式，不能满足当下环境对物流、交易管控、销售管理、食品安全监督、冷链保障等服务的需求。所以，为了实现供应链总体效益的最大化，需要打通各个环节之间的连接，利用科技手段为快消品供应链管理加持。

以互联网、物联网信息为基础，搭建产品生命周期可视化流程，将各个阶段信息在企业终端设备上进行可视化展示，并支持灵活搜索与设置；借助"互联网+"强化全过程质量安全管理与风险控制，可实现来源可查、去向可追、责任可究；通过互联网溯源平台对销售渠道进行管理，销售网络完整化、清晰化，销售激励措施有据可依、切实用在销售激励上；连通铺货及市场调研反馈，对拆包上架、门店陈设进行远程管理；通过数据挖掘技术，可为企业决策提供第一手的基础数据支持；最终实现品质把控可视化、流通追溯透明化、用户参与实时化、销售查询一体化、运营服务云端化的目标。

传统的供应链模式信息化水平落后，信息不流通，不能很好地满足市场的需求。物联网信息化管理快消品供应链的运营模式的逐渐普及，简化了供应链的运营模式，甚至变革了供应链销售结构，可以更好地与消费者沟通，为其提供良好的购物体验，更重要的是加快了信息传递，简化了供应链的运营过程，提高了快消品的流通效率，完成了有科学依据的企业决策模式升级。

7

中选科技——温氏食品安全溯源平台案例

7.1 公司简介

7.1.1 中选科技

深圳市中选科技有限公司（以下简称"中选科技"），成立于 2007 年，总部设在深圳，是国家高新技术企业，专精特新企业、深圳市中小微 100 强企业，拥有 16 项专利技术、121 项软件著作，专注产品一物一码全生命周期数字化管理，是一家致力于数智物联和数字化营销服务的科技公司。

中选科技依靠 16 年丰富的行业经验和敏锐的市场洞察服务全球超 3000 家知名品牌企业，用 HiMarking 产品身份标识"管家"的服务模式，为快消品、食品、农业科技、服饰、金融、美妆等 20 多个行业提供数智化服务。从产品数字化、业务信息化、运营数据化、决策智能化到营销精准化五大体系为企业构建大数据智慧生态，是企业数字化转型升级的绝佳合作伙伴。

HiMarking，为中选旗下品牌，以产品身份码作载体，提供高品质、高科技数智化服务，协助品牌触达用户，打通用户多平台数据，统一用户体系，搭建用户标签画像，筛选目标人群，精准扩展配置营销活动，沉淀用户资产。通过一物一码的数字化应用，实现产品从原产地到供应链，从包材物料到包装生产环节，从经销代理到终端用户的全链路数字化、智能化高效管理，为企业供应链降本增效，解决市场渠道管控、假货、乱价等难题。

7.1.2 温氏股份

温氏食品集团股份有限公司（以下简称"温氏股份"），创立于 1983 年，现已发展成一家以畜禽养殖为主业、配套相关业务的跨地区现代农牧企业集团。2015 年 11 月 2 日，温氏股份在深交所挂牌上市（股票代码：300498）。

温氏股份现为农业产业化国家重点龙头企业、创新型企业，组建有国家生猪种业工程技术研究中心、国家企业技术中心、博士后科研工作站、农业农村部重点实验室等重要科研平台，组建和培养了一支以 20 多名行业专家、60 多名博士为研发带头人，超过 300 名硕士为研发骨干的高素质科技人才队伍。

温氏股份掌握畜禽育种、饲料营养、疫病防治等方面的关键核心技术，拥有多项国内外先进的育种技术。截至 2022 年底，温氏股份及其下属控股公司累计获得国家科技奖项 8 项、省部科技奖项 78 项、畜禽新品种 10 个（其中猪 2 个、鸡 7 个、鸭 1 个）、新兽药证书 49 项、国家计算机软件著作权 115 项，拥有有效发明专利 205 项（其中美国发明专利 5 项）、实用新型专利 365 项。

截至 2022 年 12 月 31 日，温氏股份已在全国 20 多个省（市、自治区）拥有控股公司 403 家、合作农户（家庭农场）约 4.37 万户、员工约 4.93 万名。2022 年，温氏股份上市肉猪 1790.86 万头、肉鸡 10.81 亿只，实现营业收入 837.25 亿元。

7.2 项目背景

7.2.1 社会背景

食品安全追溯体系建设已经被列为我国"十四五"的一项战略工程，明确要求食品生产经营企业积极应用现代信息技术建设追溯体系。食品生产经营企业是第一责任人，应当作为食品安全追溯体系建设的责任主体。

2017 年，商务部、工业和信息化部、公安部等七部门联合发布的《关于推进重要产品信息化追溯体系建设的指导意见》指出，全面推进现代信息技术在农产品质量安全领域的应用，尽快搭建国家农产品质量安全追溯管理信息平台，建立生产经营主体管理制度，将辖区内农产品生产经营主体逐步纳入国家平台管理，以责任主体和流向管理为核心，落实生产经营主体追溯责任，推动上下游主体实施扫码交易。选择重点地区和重点品种，开展追溯管理试点应用，发挥示范带动作用，探索追溯推进模式。发挥国家平台功能作用，快速追查责任主体、产品流向、监管检测等追溯信息，挖掘大数据资源价值，推进农产品质量安全监管精准化和智能化。

7.2.2 内部背景

为了履行企业食品安全追溯体系建设主体责任，结合相关法律、法规与标准以及公司实际，需加强建设覆盖养殖、屠宰加工的闭合式溯源体系，以提升公司畜禽产品食品安全管理能力和突发事件的应急处理能力。集团在转型升级的大背景下发布"温氏食品"品牌，并持续加大品牌建设力度，建立和完善产品溯源系统是践行"民食为天，食唯安鲜"品牌使命、赋能营销体系的有力措施。

（1）实现生产和销售各环节的闭合式食品安全管理；

（2）转型升级、产业链下游延伸的迫切需要，实现产品全产业链的精细化溯源管理，提升食品安全管控力；

（3）提升食品安全突发事件应急处置应对管理和效率；

（4）通过溯源收集消费端大数据，为企业的生产计划和营销计划提供数据支撑；

（5）通过溯源环节的关键信息可视化，同时提升面向 B 端和 C 端的品牌力及产品；

（6）保障信息安全，构建企业产品食品安全大数据，让食品安全"看得见"。

7.3 项目目标

该项目以信息技术为手段，并依据法规标准，采用现代信息数字化技术，通过以"一物一码"为数据载体，以追溯信息链条完整性管理为重点，建立了集养殖和屠宰于一体的畜禽产品质量安全溯源平台架构。

针对毛猪、毛鸡、蛋鸡和光鸡的屠宰过程，建立了闭合式产品质量安全溯源管理系统，确保产品追溯信息的完整性和准确性。通过该系统，可以追踪和管理养殖环节的数据，如饲养管理、饲料使用、用药记录等，同时也包括屠宰环节的数据，如屠宰工艺、检验结果等。这样可以实现整个生产过程的全程追溯，从源头到销售端的每一个环节都能够被有效管理和监控。

同时，结合区域市场的产品溯源准入要求，针对光鸡和鸡蛋产品，还实现了"一物一码"的外部二维码溯源管理。这意味着每个产品都有自己独立的二维码标识，消费者只需扫描二维码，即可获取与产品相关的详细追溯信息，提高了产品的公信力和消费者的信任度。

此外，该项目实现了生产各个节点追溯管理的互联互通。通过建立数据交换和共享机制，可以展现各流通节点的追溯主体信息并进行监控管理，从而可以及时发现和处理应急事件，并提供综合服务信息查询，为消费者提供更多的可信和可靠的产品信息。

7.4 项目实施概况

7.4.1 项目系统架构规划

根据企业溯源平台项目实施的方针、策略和路径图，结合一物一码数字化升级方案，确定本项目将主要是基于以下功能模块进行开发实施。溯源平台系统架构规划如图 7-1 所示。

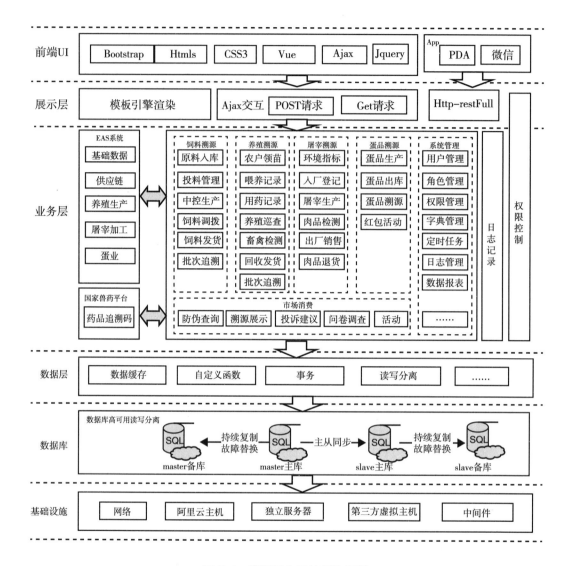

图 7-1 溯源平台系统架构规划

（1）数据创建与维护

系统需要创建与维护项目基础数据，如供应商、仓库、产线、屠宰场、养户、饲料、原料、药品、质检等信息。这些基础数据对于实现全生命周期的追溯管理有着重要作用，以下是创建与维护的关键点。

1）供应商管理：建立供应商数据库，包括供应商的基本信息、联系方式、质量认证资料等。与供应商建立合作关系，并定期对供应商进行评估和审核，确保其产品和服务符合质量标准和法规要求。

2）仓库管理：建立仓库信息，包括仓库的位置、容量、设施等。对仓库进行管理，确保存储的产品符合卫生要求，并建立合理的库存管理系统，实现库存追溯和管理。

3）产线管理：对生产过程中的不同产线进行管理，包括产线的设备、人员、工艺流程等信息。确保生产过程的规范性和一致性，提高生产效率和产品质量。

4）屠宰场管理：建立屠宰场的信息，包括屠宰场的注册信息、卫生条件、设备状况等。对屠宰过程进行管理和监控，确保屠宰操作符合卫生标准和法规要求。

5）养户管理：建立养户信息数据库，包括养户的基本信息、养殖场地信息等。对养户进行管理和监督，确保养殖过程符合卫生要求，并与养殖场建立有效的信息交流渠道。

6）饲料、原料、药品管理：建立饲料、原料和药品的信息库，包括产品的名称、批次、生产商、供应商、质量检验报告等。对饲料、原料和药品进行严格的管理和监测，确保其质量和安全性。

7）质检管理：建立质检体系，包括质检标准、检验方法、检测设备等。对产品进行质量检验和抽样检测，确保产品符合相关质量标准和法规要求。

（2）数据采集与标识

在养殖和屠宰过程中，通过现代化的数据采集设备，收集和记录与产品质量安全相关的数据，包括饲料使用、用药记录、环境参数、养殖管理等信息。为了确保数据的唯一性和可追溯性，为每个生产批次的产品分配唯一的标识。

（3）数据存储与管理系统

搭建集中化的数据存储和管理系统，将采集到的数据进行整合和存储。这可以采用数据库技术来构建可靠的数据存储架构，确保数据的安全性和完整性。同时，建立数据管理系统，对数据进行分类、归档和索引，以方便后续的查询和分析。

（4）追溯链条构建

通过建立养殖和屠宰环节的追溯链条，将每个生产环节的数据和信息进行关联。这样可以实现从育种孵化、养殖、饲料使用、用药过程，到屠宰和销售的全过程追溯。每个环节都有对应的数据输入和输出，构建了产品的追溯链条。

（5）技术整合与互通

整合不同环节的数据和信息，通过信息技术手段实现数据的互通和联动。这包括与养殖场、屠宰厂、销售渠道等相关方建立数据接口，并与企业的 SAP、MES、WMS 等生产管理系统实现数据在不同系统之间的自动传输和共享。这样可以实现养殖和屠宰环节之间的数据互通，实现全生命周期的数据管理和追溯。

（6）追溯查询与展示

为消费者和企业内部稽查人员提供追溯查询和展示的渠道，使其能够方便地获取产品的追溯信息。消费者通过扫描产品上的二维码，可以查询到与产品相关的信息，如生产地、养殖过程、屠宰环节等。同时，还可以展示产品质量安全认证、检测报告等证明材料，提升产品的公信力。

企业内部稽查人员通过专属稽查通道扫描同一二维码，可查看更多的产品信息，如养户、养殖细节、饲料、原料、药品、经销商等详细信息，实现产品精准溯源管控，保障产品质量安全。

7.4.2 产品赋码展示

结合不同的产品特性、生产流程、储存环境与信息采集关联需求，提供全面的一物一码赋码方案，为每一个流通产品、包装均赋予唯一身份编码，如图7-2～图7-5所示。其优点为：与产品融合度高、抗破坏性强，并且保障数据流通过程中多组信息的关联绑定，确保数据的精准关联追溯，同时，通过国际化数码安全防控保护数据安全不泄露。

图 7-2　鸡脚环

图 7-3　鸡肉一体化包装袋

图 7-4　猪肉一体化包装袋

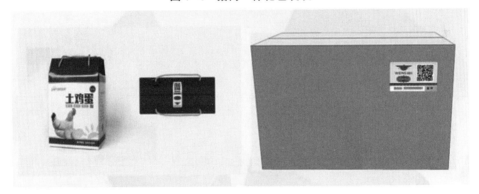

图 7-5　一物一码标签赋码

7.4.3　食品溯源查询系统展示

（1）消费者溯源查询系统

消费者通过微信、支付宝等常用二维码扫码软件扫描产品上的二维码，即可进入温氏食品溯源查询系统。消费者通过输入防伪码后 4 位校验码进行查询，可验证产品真伪，查看当前扫码记录与产品相关溯源信息（养殖溯源、检疫溯源、屠宰溯源），从而提升用户购买信心，同时避免产品出现假冒伪劣、不合格等问题，保护企业的声誉和利益（见图 7-6）。

（2）企业内部溯源系统

企业内部稽查人员通过账号登录内部溯源系统，扫描产品二维码可查看产品更全面详细的溯源信息（养殖溯源、检疫溯源、屠宰溯源、饲料溯源），如图 7-7、图 7-8 所示。

内部人员溯源稽查可以追踪产品的生产过程和流向，及时发现和解决潜在的质量问题，帮助企业分析生产过程中的问题，并进行溯源追查，找出问题的原因和责任方，及时采取纠正措施，防止问题扩大化，推动企业持续改进和发展。

图 7-6　温氏食品消费者溯源查询系统

图 7-7　温氏食品内部溯源系统 1

　　对于食品企业而言，食品安全是一项重要的责任和义务。通过内部溯源稽查，企业可以追踪和监控产品的安全性，识别和控制潜在的食品安全风险，还可以了解原材料的来源和质量，在生产过程中的卫生控制措施，以及产品的存储、运输和销售环节是否符合食品安全标准，确保产品安全无害。

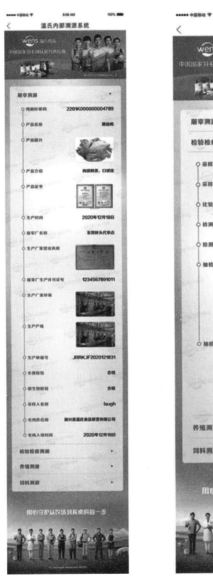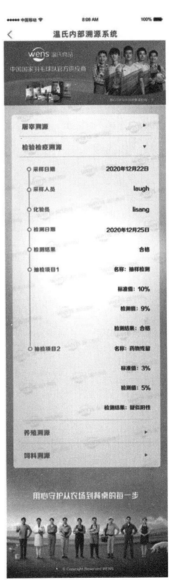

图 7-8　温氏食品内部溯源系统 2

7.5 项目成果

（1）一物一码

二维码被用作产品的溯源标识，实现了毛猪、毛鸡、蛋鸡和光鸡产品质量安全的内部追溯管理。此外，结合区域市场的产品溯源准入要求，还建立了光鸡和鸡蛋批次产品的"一物一码"外部二维码溯源系统。这样，消费者只需扫描产品上的二维码，就可以静态地追溯产品的来源和生产过程，从而提升对产品的信任度。

（2）全流程溯源

为了实现产品全生命周期的追溯，该项目打通了温氏上下游系统端，并结合企业的SAP、MES、WMS等生产管理系统，实现了数据的联动和互通。这意味着从育种孵化、养殖、饲料和用药过程，到屠宰和最终产品的销售与配送，所有环节的数据都能够进行有效的管理和追溯。

（3）可视化大数据

采用大数据分析和数据看板系统，该项目实现了追溯过程中数据的可视化。通过对大量追溯数据的分析，可以提取有价值的信息，并通过数据看板系统呈现出来。这样，企业可以直观地了解产品的生产、质量和销售情况，作出更明智的决策。

（4）降本增效

通过系统的数字化管理，该项目在产品生命周期的各个阶段平均缩短了10%～20%的时间。这意味着从育种孵化到消费者端的产品交付，整个流程更加高效。此外，产品的流通管理和营销管理效率提升了30%以上，使企业能够更好地满足市场需求并提升竞争力。

7.6 项目创新点

温氏食品安全溯源平台项目实现了国内首家家禽产品全生命周期的追溯，包括从育种孵化、养殖、饲料和用药过程，到屠宰和最终消费者端产品的追溯。以下是该项目的创新点。

（1）综合追溯系统

该项目采用一种综合的追溯系统，整合了从育种孵化到消费者端的各个环节，可以跟踪并记录家禽的成长过程、饲料和用药的使用情况、屠宰过程以及产品配送和销售信息。

（2）数据管理和技术创新

该项目使用了先进的数据管理和信息技术，包括物联网、云计算、大数据分析等。通过这些技术手段，可以实时监测和记录家禽的生长环境、饲养情况、饲料配方、用药记录等关键信息，确保数据的准确性和及时性。

（3）供应链透明度

通过实现全生命周期的追溯，消费者可以获得关于家禽产品的详细信息，包括养殖环境、饲料配方、用药情况等。这样提高了供应链的透明度，使消费者能够更好地了解产品的质量和安全性，增强消费者对产品的信任感。

（4）安全性和质量控制

全生命周期的追溯可以帮助企业监测和管理家禽产品的安全性与质量。通过记录饲料和用药的使用情况，可以确保使用合格的原材料和药物，避免对消费者健康造成潜在风险。同时，通过监测屠宰过程和产品配送环节，可以保证产品在整个供应链中的安全性和卫生状况。

（5）品牌建设和市场竞争力

实现全生命周期的追溯有助于建立品牌形象，并提升产品的市场竞争力。通过向消费者展示产品的溯源信息和质量保证措施，可以增强消费者对产品的信任，进而提高产品的销量和市场份额。

这些创新点使得该项目在家禽养殖行业具有显著的竞争优势，可以为消费者提供更安全、高质量的家禽产品，同时也符合现代社会对于食品安全和透明化的需求。

7.7　未来升级规划

（1）区块链技术升级

区块链技术可以提供去中心化的、不可篡改的数据存储和交易记录，进一步增强追溯系统的可靠性和透明性。通过将追溯数据记录在区块链上，可以确保数据的安全性和一致性，使其无法被篡改或删除，从而增加消费者对产品信息的信任。

（2）智能传感器和物联网应用

在养殖过程中，可以使用智能传感器和物联网技术来实时监测家禽的生长环境和行为，例如，温度、湿度、饮水量、运动活动等。这些数据可以通过无线网络传输到中央数据库，为决策提供准确的实时信息，提高养殖效率和生产质量。

（3）大数据分析和人工智能

通过收集和整合大量的追溯数据，利用大数据分析和人工智能技术来挖掘数据中的有价值信息。例如，可以通过分析家禽生长数据，预测生长趋势和需求，优化饲料配方和用药方案；利用机器学习算法识别异常情况和疾病风险，及时采取措施进行预防和治疗。

（4）跨界合作和数据共享

与其他相关领域的企业或组织进行跨界合作，共享数据和资源，加强全产业链的数字化协同。例如，与饲料供应商、药品生产商、超市零售商等建立数据共享和合作机制，实现信息的互通共享，提高供应链的效率和透明度。

8

财治食品追溯案例

8.1　公司简介

上海财治食品有限公司是一家专业从事餐桌熟食生产的食品加工型企业，公司成立于2016年7月，坐落于上海市松江区九亭镇，厂房面积达7000多平方米。

公司目前拥有生产酱卤肉制品、非发酵型豆制品、酱腌菜制品、风味鱼制品、速冻食品等11大类许可的产品生产线，产品涵盖60余个品种，年产量可达5000吨，目前门店遍布苏浙沪地区，门店总数近300家。

公司组织架构完善，人员配备合理，人员素质、职业技能突出，设有供应链管理、品管、研发、生产、储运物流、党建工会等多个专业部门，以"匠心传承、追求卓越"为核心理念，围绕"创新、协调、绿色、开放、共享"，推进公司食品诚信管理、食品安全管理等体系建设，现已取得ISO22000、ISO18001、ISO14001、安全标准化四个体系认证证书。

公司已建成上海重要产品追溯系统，并通过上海市商务委员会的验收。

公司经营理念如下：依法经营、承担主责、按标生产、防控全程；开拓进取、创新发展、客户至上、用心服务；诚信自律、崇尚卓越、匠心传承、追求卓越。

8.2　追溯建设背景

《国务院办公厅关于加快推进重要产品追溯体系建设的意见》（国办发〔2015〕95号）指出，追溯体系建设是采集记录产品生产、流通、消费等环节信息，实现来源可查、去向可追、责任可究，强化全过程质量安全管理与风险控制的有效措施，并给出了追溯系统建设的总体目标要求及指导意见。

2015 年上海已经通过《上海市食品安全信息追溯管理办法》，对肉类、蔬菜、冷鲜禽、水果、豆制品、粮食、食用油、乳制品、水产等 9 大类食用农产品实现追溯。卤制品行业作为加工、零售为主的终端重要企业和这 9 大类产品有着密不可分的关系。其中肉类、蔬菜、冷鲜禽、豆制品、粮食、食用油、水产等 7 大类产品都是卤味食品中重要的产品。

上海财治食品是一家专业从事上海卤味食品生产的企业。企业在不断壮大，管理也必须要跟上，为了更好地把控食品安全和承担应有的社会责任，建立一套完善的追溯管理系统是企业管理的重中之重，企业高层领导也十分重视，成立了追溯系统项目组专门负责推荐该追溯项目的建设。

8.3 追溯建设历程

8.3.1 2017 年追溯建设情况

自 2017 年初申报追溯项目后，企业按照《上海市食品安全信息追溯管理办法》的追溯标准和规范，应用现代信息技术建立卤制品追溯管理系统，选择各环节主要节点，对各经营主体以实名制备案、电子随附单、订单二维码、追溯查询二维码、手持机等相结合的信息技术手段，实现索证索票、购销台账的电子化，做到各流通节点信息互联互通，形成完整的流通信息链和责任追溯链，解决卤制品流通的溯源问题。企业于 2017 年 5 月 25 日通过了上海市商务委员会的重要产品追溯体系的验收工作，随后对所开发的系统申报了 16 项软件著作权，并获得了证书。追溯查询界面如图 8-1 所示。

图 8-1　追溯查询界面

8.3.2　2018 年追溯建设情况

第二期的开发从 2018 年 6 月开始实施，完成了采购、生产、原辅料验收、进出库、配料秤、温湿度实时监控、手机订单、手持机发货、成品进出库管理等各个业务链的功能开发，实现了工厂自产产品的可追溯，提高了公司防控食品安全的能力，为企业的发展保驾护航。2018 年 9 月 28 日，松江区市场监督局以现场直播的方式对企业进行了监督检查，并正面介绍了企业追溯系统开发和运行的情况。在创新上，公司 2018 年申报了 2 项发明专利、6 项实用新型专利。材料入库界面如图 8-2 所示，材料出库界面如图 8-3 所示，库存明细移动端扫描查询界面如图 8-4 所示。

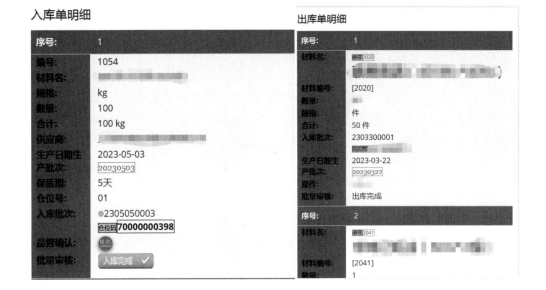

图 8-2 材料入库界面   图 8-3 材料出库界面

图 8-4 库存明细移动端扫描查询界面

2018 年，通过开展信息化科技创新工作，实现了工厂原料冷库、成品库、散包装间、气调包装间、冷却间、腌制间等关键场所的温湿度实时监控，并实现各控制场所里超过正常温度范围自动报警，便于操作维修人员实时获得故障信息，及时维修，确保产品质量安全，避免因设备故障造成的损失。通过溯源 ERP 系统的开发推行，实现了工厂流水线式平板入库、手持机入库，实现了库存的信息化管理，确保库存准确，并开发了手持机发货系统，通过手持机发货，大大降低了发货人员的发货错误率。

8.3.3 **2019 年追溯建设情况**

2019 年，进一步推进、规范 ERP 溯源系统原辅料出入库、品控索证上传工作，制定实施细则，使之成为一项常态化工作内容；系统内部对原辅料供应商证件及有效期实施管理，每批原料证件系统可查、可打印、可溯源。通过规范原辅料验收工作流程，提高食品安全防控措施，方便市场监督管理部门随时查验，提高企业形象；实现原辅料批次记录管理，使系统记录与实际库存情况相符，从而促进溯源信息更有效、更完整（见图 8-5）。

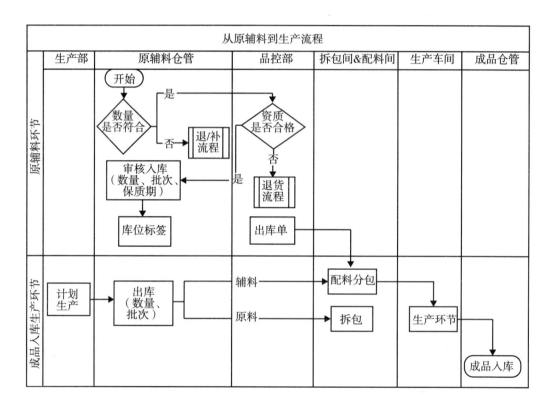

图 8-5 从原辅料到生产流程结构图

8.3.4 **2020 年追溯建设情况**

2020 年，积极开展并完成了溯源系统与上海食品安全平台的对接工作。

（1）完成对需要上传产品的原料（主要为冷冻肉类、水产品）、品类、供应商等信息的整理对接工作；

（2）完成上海食品安全信息追溯平台数据上传接口对接，做到每日上传，编制并通过了《上海市食品安全信息追溯平台数据上传管理暂行办法》，制定实施细则，将具体分工、职责落实到每个部门、每个岗位,并形成监督核查机制,确保每日上报数据的及时性、有效性、准确性。上海市食品安全信息追溯平台自动上送平台如图 8-6 所示。

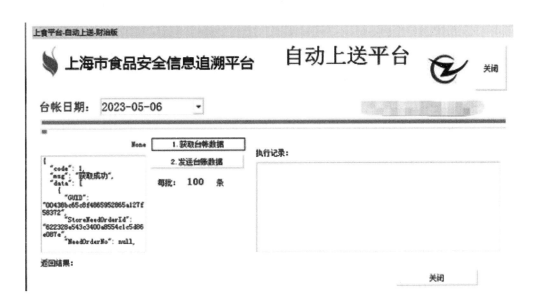

图 8-6   上海市食品安全信息追溯平台自动上送平台

8.3.5   2021 年追溯建设情况

2021 年,持续推进公司追溯系统建设,积极发挥系统对公司管理水平提升的作用。

(1)新增门店质量反馈管理

1)促进公司产品质量安全稳定,提高产品质量;

2)提升公司服务水平,门店终端新增"问题反馈"入口,可以通过该入口提交相关问题反馈(产品质量、产品外观、产品包装、产品口感、物流相关等);

3)便于公司质量部门第一时间进行跟进,查找原因,促进产品改进。

(2)新增生产设备管理

1)通过系统登记,对设备相关合同、说明书、证件等信息实现电子存档;

2)设备检验有效期、维保有效期实现自动预警提醒;

3)实现生产设备信息的智能化管理,提高管理水平;

4)实现信息互联互通,提高管理效率。

(3)新增品控检验管理

1)系统对实验数据实时登记;

2)审核数据后自动生成成品检验证书;

3）检验证书自动关联各溯源查询端；

4）提升检验管理水平，规范检验管理审核流程；

5）提高检验管理工作效率，为产品溯源提供真实有效信息。

图 8-7 为新增品控检验管理界面。

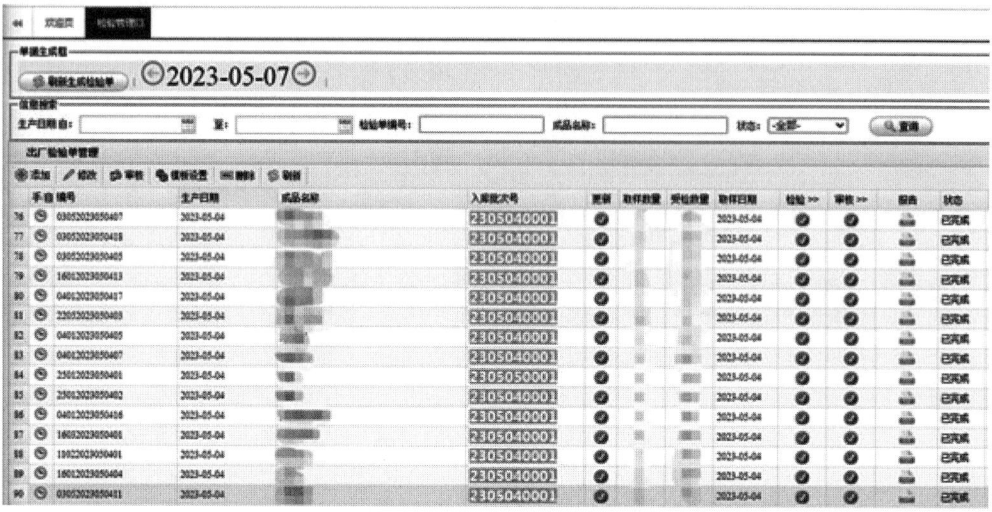

图 8-7　检验管理界面

（4）通过整合 ERP 各个系统模块，前后端、财务、OA 等业务系统数据，同时结合外部数据建立数据关联，解决企业信息孤岛困境。

8.3.6　2022 年至今追溯建设情况

（1）仓库追溯条码管理

1）完善出入库条码设计及管理，快速查找定位；

2）原辅料出库码、兼容出库单及出库明细，可以在配料间、生产车间等快速扫码识别。

（2）对配料间分包配料进行进一步功能提升

1）新增辅料、添加剂分包配料秤，集合追溯系统配料子客户端，实现称料出标"一物一码"管理，有效关联配料相关追溯信息；

2）配料间库存独立管理，精确管理出入库；

3）配料操作流程精细化跟踪管理。

（3）生产过程端管理功能进一步提升

1）完善生产 MES 端流程，多页面多环节控制；

2）关联配料间数据，辅料添加剂进行扫码投料，实现实时核对领用，批次信息记录等；

3）生产过程 8 个环节记录跟踪，有效减少投料错误，实时记录数据，达到顺向可追踪、逆向可溯源。

生产过程框架、生产计划制订界面、生产过程信息界面、投料信息查询界面如图 8-8～图 8-11 所示。

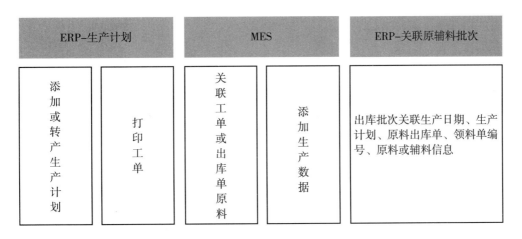

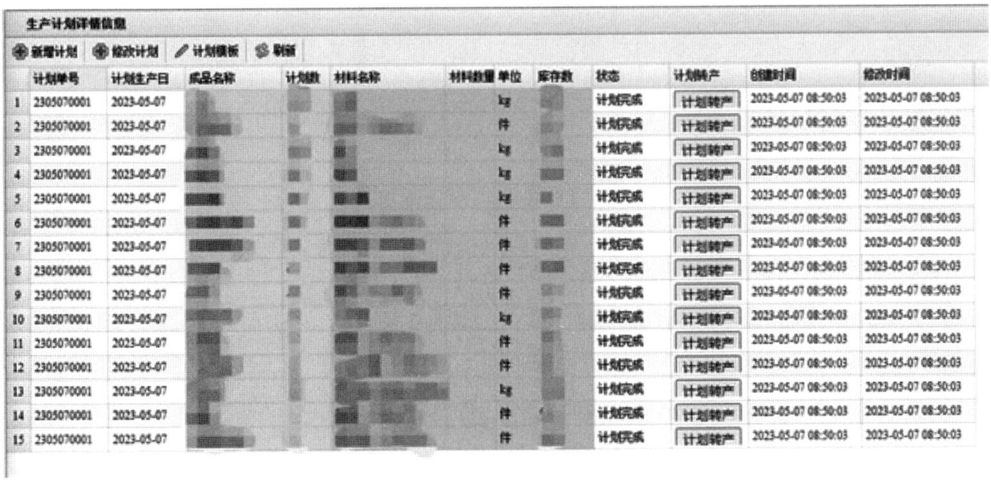

ERP-生产计划
MES
ERP-关联原辅料批次
添加或转产生产计划
打印工单
关联工单或出库单原料
添加生产数据
出库批次关联生产日期、生产计划、原料出库单、领料单编号、原料或辅料信息

图 8-8　生产过程框架

生产计划详细信息
新增计划
修改计划
计划模板
刷新
计划单号
计划生产日
成品名称
计划数
材料名称
材料数量
单位
库存数
状态
计划转产
创建时间
修改时间

图 8-9　生产计划制订界面

图 8-10　生产过程信息界面

图 8-11　投料信息查询界面

8.4　追溯系统对流程的提升改进

追溯系统实施以后，对流程起到了优化作用。具体如表 8-1 所示。

表 8-1 追溯系统对流程的改进

序号	流程	系统上线前	系统上线后	优化点
1	基础信息	纸质保存、Excel 表格登记	商品信息： 1. 建立成品名称、售卖名称、类别、单位、规格、保质期等基础信息； 2. 为成品定义唯一编码及追溯信息识别码； 3. 定义配货排列顺序。 销售信息： 1. 建立购货者的名称、地址、联系方式等信息； 2. 定义购货者下单权限。 员工信息： 1. 有效登记员工入职基础信息、健康证有效期管理及临到期提前预警； 2. 对员工的系统操作角色权限进行定义及生产过程履职信息进行关联。 执行标准： 建立原料、辅料、香辛料、添加剂等的执行标准信息名录及适用范围定义。 材料信息： 定义材料名称、编码、执行标准、保质期等信息。 物流线路信息： 线路及区域划分，记录物流司机信息、车牌号、配送顺序等。 供应商信息： 1. 建立供应商或生产商名称、编码、供应类型、联系电话、联系地址基础信息； 2. 合作状态标识； 3. 供应商评价信息； 4. 供应商或生产商相关资质证件上传及有效期的管理。 物流周转筐信息： 登记周转筐二维码筐号。	1. 建立了追溯相关基础信息； 2. 对相关资质证件及有效期进行数字化管理。
2	贮存信息	定期查看，手写记录	1. 建立重点库房及操作间温湿度采集系统，实时采集并记录相关信息； 2. 设定温湿度上下限预警值，超过预警值系统实时自动报警，报警系统设置在门卫室，24 小时监控，提醒维修人员及时排查处理。	1. 实时采集并监控预警，及时排查原因并处理； 2. 数字化图形报表，便于对贮存、操作环境等信息进行追溯；

续表

序号	流程	系统上线前	系统上线后	优化点
3	原辅料进货查验	1. 手写单登记入库数据； 2. 索取证件纸质存放； 3. 仓管部门和品管部门工作流程之间没有交接，对无证入库的情况极难管控。	1. 采购向供应商提出要货申请，供应商将货物送至工厂； 2. 仓管先将现场采购材料数据预录入，包括数量、供应商、生产日期、保质期、仓位号等信息（其中供应商、保质期可以在基础信息内定义，录入时系统自动抓取），仓管入库信息会下达到品控任务列表； 3. 品控现场对材料进行品质验收、拍照，索取相关资质证件并上传，判定所购材料是否合格，不合格产品仓管无法审核入库，合格品方可审核入库并用于生产； 4. 入库操作完成，打印二维码库位标识卡，吸附在对应材料库位架上。	3. 仓管部门和品控部门之间业务流程得到有效关联，相互监督，避免了无证入库及入库遗漏情况的发生； 4. 二维码标识牌起到规范化管理作用，既能方便查询到对应产品剩余库存量及批次剩余量，也能明确显示原辅料有效期，对原辅料的先进先出起到有效管理； 5. 入库信息、产品信息和库位信息在系统中精确快速匹配，确保库位无错误和实现快速入库，提升了整体仓储管理能力； 6. 原辅料库存预警、临保期预警，入库信息得到完整记录和保存，便于查询、追溯和后续的分析改善。
4	原辅料出库管理	手写单登记出库数据。	1. 利用平板或手持PDA扫码出库； 2. 仓管在系统上对出库单据严格审核，确保每一条数据准确、真实、有效。	实时、准确、便捷地对出库数据进行记录，生成相关出库追溯信息。
5	配料间系统管理	1. 配方信息管理困难，配方信息采用纸质传递； 2. 手工称量、手写标签，称量过程难以监控，不能及时发现错误； 3. 工人配料工作烦琐，需要长期注意力高度集中； 4. 称量事后追溯困难，需要手工翻查台账； 5. 工人手工记录称量过程的数值、批次，统计人员手工录入信息，录入时间长。	1. 利用称重贴标电脑一体秤，集合开发配料管理子系统，称重后自动出标； 2. 通过扫描出库单二维码，获取当前材料批次信息，称量后自动与批次相关联，便于追溯； 3. 系统设置配方及称量标准上下限，对超过标准的称量行为实时提醒，对称量分量真实记录； 4. 配料标签上的批次码用于下一个投料环节扫码记录关联批次，便于投料追溯； 5. 系统后台自动生成称量日志，溯源可追溯； 6. 独立的配料间库存管理，实时掌控库存情况，及时盘存。	1. 优化了现有配方管理，管理更方便、处理更快捷、效率更快； 2. 精准称量，错误报警，称量过程中防错管控，减少了事后追溯； 3. 降低配料岗位难度，以信息化的手段指导操作，更加简便，提高了配料的准确性； 4. 以信息化替代纸质化，使管理更加精准高效，同时也起到了环保的作用； 5. 配料间采用信息化追溯的管理手段，追溯信息链条完整、真实； 6. 配料间信息化追溯管理，使配料间库存管理更细致，出库配料更快捷，管理更智能，追溯更便捷。

序号	流程	系统上线前	系统上线后	优化点
6	生产投料及工艺流程	1. 对投料信息及工艺流程采用手写录入，为了把各项信息记录完整，往往需要多个记录、多张表单； 2. 手写录入为事后填写，时效性及准确性难以得到有效保障； 3. 手写录入内容多，录入时间长。	1. 所有产品通过生产计划转产，进行下个工序的数据传递； 2. 工单或出库单作为 ERP 数据与 MES 数据的纽带，通过扫描工单二维码、出库单二维码关联追溯信息； 3. 通过手持 PDA 生产 MES 端记录生产全过程，包括扫码投料记录、生产过程工艺参数、现场拍照等信息； 4. 关联原辅料批次，生产的产品可以追溯到相关原辅料信息。	1. 以生产计划为起点，串联后面每个工艺环节，形成一条完整的产品追溯链条； 2. 通过扫码（配料分包码），实现投料记录，并准确记录所投材料的批次，以及投料的多少，促进生产标准化； 3. 实现生产流程看板化，掌控每个流程节点，记录数字化，追溯信息更加真实、客观。
7	成品检验管理	纸质登记，手动上传。	1. 系统对实验数据实时登记； 2. 审核数据后自动生成成品检验证书； 3. 检验证书自动关联各查询端。	1. 提升检验管理水平，规范检验管理审核流程； 2. 提高检验管理工作效率，有效为产品溯源提供真实有效信息； 3. 检验证书数字化查询，快捷、高效。
8	成品入库	1. 单品以整筐去皮称重汇总，以该数据作为入库数据； 2. 发货时再次根据单品订货量称重，以该称重数据作为发货数据。	1. 采用流水线平板称重贴标方式入库，对每袋称重成品贴标扫码入库，入库数据实时记录系统； 2. 发货时扫描袋上标签二维码，系统自动读取重量信息，作为发货重量信息。	1. 入库信息得到完整记录和保存，便于查询、追溯和后续的分析改善； 2. 能够实现精准入库和精准发货出库，使出入库之间不会有累积误差产生，系统扫码发货也避免了人为发货误差，从而有效降低发货错误率； 3. 系统自动读取记录重量信息，减少出入库人员手写登记过程及数据录入过程出现错误的可能性，提高操作员的工作效率和整体管理水平； 4. 有效管理成品批次库存，严控先进先出，确保食品安全。

序号	流程	系统上线前	系统上线后	优化点
9	PDA扫码配货	1. 看单配货，手写记录配货称重信息； 2. 发货错误率高。	1. 依据配货线路顺序，随机分配购货者订单信息给配货员进行扫码核销配货； 2. 配货扫码时自动读取条码重量信息，并记录条码信息，用于追溯； 3. 配货信息上传至后台进行订单发货处理。	1. 提升配货效率，规范配货流程，降低配货错误率； 2. 对配货人员配货量自动统计，促进人员绩效管理； 3. 通过扫码配货，准确追溯产品流向。
10	周转筐管理	1. 产品用周转筐装好发往门店，当天不带回，需要第二次送货时将上次空框带回； 2. 不能精细记录每个周转筐流向，粗放式管理办法，造成周转筐丢失。	1. 为每个周转筐赋专属二维码，发货时扫码记录这个周转筐配发到哪家购货单位，空筐回来时统一扫码回收； 2. 系统后台有效记录筐的流向，对超过正常使用时间还未返厂的筐自动筛选呈现。	1. 对周转筐有效实施规范化管理，有效避免周转筐的丢失； 2. 对超过正常使用时间还未返厂的周转筐及时追溯并追究责任。
11	订货及订单管理	1. 通过打电话，Excel表格登记的形式接单； 2. 发货时采用手写登记发货数据。	1. App订货； 2. 手持机发货； 3. 数据自动上传打单。	1. 提高订货的便捷性，节省人工成本，助力购货单位的快速扩张； 2. 提高了发货的效率以及发货的准确率； 3. 加强了对发货秩序的管理，提升管理水平； 4. 数据实时统计，为管理决策提供重要的依据。
12	质量反馈管理	通过电话或者微信向公司管理者反馈。	1. 门店将质量信息通过手机反馈入口提交至系统平台，将文字信息、图片信息统一展示到系统后台； 2. 系统将门店反馈信息下发到对应质量部门，通过系统实时将回馈信息下发到对应门店。	1. 促进公司产品质量安全稳定，提高产品质量； 2. 提升公司服务水平，门店终端新增"问题反馈"入口，可以通过该入口提交相关问题反馈（产品质量、产品外观、产品包装、产品口感、物流相关信息等）； 3. 便于公司质量部门第一时间进行跟进，追溯查找原因，确保产品质量稳定。

续表

序号	流程	系统上线前	系统上线后	优化点
13	市食品安全平台溯源信息上传管理	手动上传。	产品原料进货信息、生产信息、销货信息通过与食品安全平台数据接口对接，系统自动上传。	1. 提高数据上传效率； 2. 客观、有效、真实地记录和上传食品溯源信息，切实落实食品安全主体责任，保障食品安全。
14	生产设备信息管理	纸质保存、Excel 表格登记。	1. 通过系统登记，对设备相关合同、说明书、证件等信息实现电子存档； 2. 设备检验有效期、维保有效期实现自动预警提醒。	1. 实现生产设备信息的智能化管理，提高管理水平； 2. 实现信息互联互通，提高管理效率。

8.5 追溯系统总结及展望

8.5.1 追溯系统建设总结

自公司对追溯系统项目立项以来，为配合重要产品追溯体系建设，公司投入了相关的硬件设备及软件系统，成立了追溯系统项目团队，确保了追溯系统项目的推进。

在追溯系统推进过程中，公司坚持以人为中心，以追溯需求、管理需求为两大导向，在实施过程中，做好整体规划，分步实施，重点突破，充分保障网络体系、硬件体系、软件体系的安全稳定运行，履行管理职责，保障基础，注重评测与改进。关注推进实施焦点，保持战略一致性，充分发挥领导的核心作用，引导全员参与，做好全员考核，强调过程管理，做好全局优化、循序渐进、持之以恒、创新引领、开放协助，形成追溯系统日常运行的长效机制。

8.5.2 未来展望

公司以企业为主体，加强组织领导，应用信息化技术手段，促进企业数字化转型升级，持续推进追溯体系建设，完善追溯体系管理制度，建立健全追溯体系长效应用机制。实现食品追溯、食品安全监管、食品生产流通等相关信息的互通共享，逐步扩大追溯体系覆盖范围，向生产和消费两端延伸追溯链条，开发智能监管功能，提升企业产品质量安全管理水平，增强消费者对产品的消费信心，提高企业品牌形象。

通过追溯系统的不断推进，力争为卤味食品生产加工企业发挥追溯系统建设示范作用，成为行业内追溯体系建设示范企业。

9

量子云码溯源盼盼食品——"数字化产品管理+可信溯源"服务应用案例

9.1 公司简介

　　量子云码（福建）科技有限公司（以下简称"量子云码科技公司"）是国家高新技术企业，是一物一码载体追溯技术行业领导者、企业数字化综合解决方案服务商，拥有量子云码专利技术、系统平台、硬件及配套、智能包材等四大产品。量子云码科技公司致力于成为溯源领域值得信赖的创新者，通过油墨配套的创新突破使量子云码技术覆盖更多行业，以安全自主可控的量子云码技术为载体，将数字技术与实体经济相互融合，助推传统产业转型升级，激发"数字产业"发展活力，推动各行各业健康发展，打造世界级数字产业集群，助力中国数字经济蓬勃发展。

　　作为一物一码载体追溯技术，量子云码溯源标识是基于自主核心专利算法，以微米级图像为单位构建的微观微距智能图像识别系统，能够为每件产品赋上独一无二的身份 ID，能结合 5G、大数据、云计算、芯片算法、区块链等技术，满足各种工业应用标识场景，对产品进行从原材料生产到销售终端的全流程数字化管理。结合量子云码技术搭建的防伪追溯与预警平台，帮助企业建立标准化、智能化的商品数据管理体系，提升企业信息化管理效率，不仅可以为企业保驾护航，帮助企业解决生产管理、防伪溯源、渠道管控、私域流量管理、数据分析等需求，也可基于一物一码技术，作为工业互联网入口，帮助制造业构建企业数字化的底座，实现企业数字化的第一步——产品数字化。量子云码技术不仅适用于商品，也适用于非商品；不仅可促进当前社会、经济和科技发展，同时也适应未来科技发展。

　　当前我国主要参与食品质量安全追溯体系建设的部门有国家市场监督管理总局、农业

143

农村部、工业和信息化部、商务部。我国幅员辽阔，各地域经济和发展水平及消费者对可追溯性产品的支持程度差异明显，因此在推行食品安全追溯体系进程中不能同步推进。参与食品质量安全追溯体系建设的部门都已建立了各自具有代表性的食品追溯体系，不同地区政府也已建立了有地域特色的食品安全追溯平台，但大都需要进一步整合与完善，而且相当一部分区域内仅有少数大型食品企业构建了内部食品安全追溯系统。

量子云码溯源标识可以提高接入企业的生产能力，推动企业转型升级，满足所在地市场多品种、个性化服务需求，改善商务供应链环境，帮助企业进行技术变革、业务结构的调整，实现从生产服务商向市场服务商的转变，更好地满足客户的需求。在助力行业建立溯源体系上，量子云码科技公司拥有丰富的项目经验，目前已累计为超过 600 家全球知名企业与政府单位提供服务。在食品行业，量子云码"数字化产品管理+可信溯源"被运用到了盼盼食品、王致和、卫龙、蒙牛、天润乳业、五粮液、董酒等知名食品品牌上，帮助企业进行正向记录和反向溯源，实现全流程产品追踪追溯管理，提升企业的产品数字化管控能力，促进企业数字化转型升级，助力食品行业健康发展（见图 9-1）。

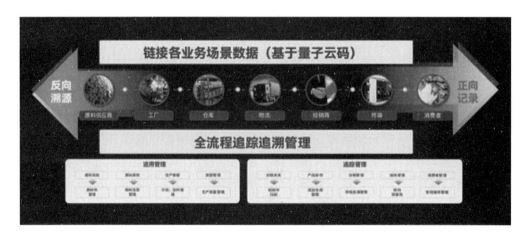

图 9-1　全流程追踪追溯管理

目前，量子云码技术已涉及多个行业，包括食品饮料加工行业、茶行业、玻璃制品行业、医药行业、烟酒茶叶行业、美妆日化行业、电子电器行业、服装鞋帽行业、农牧行业等，同时基于标识数据及各类行业场景，打造了关于可信溯源标识的十大应用，高度覆盖了从产品防伪、产品追溯、生产管理、仓库管理、订单管理、溯源稽查、统计分析、组织架构全链路的标识数据，可信溯源标识年授权总量超 100 亿，日活用户量达 10 万+，解析总量超 45 亿，充分发挥了可信溯源标识编解码技术在企业实现数字化转型与产品精细化管理中的新基建作用。

量子云码可信溯源标识符合国家鼓励发展产业政策，能够在传统生产企业基础上嫁接防伪、溯源、防窜能力，满足传统企业数字化转型的实际需求，作为在福建省内乃至国内工业领域的宏伟蓝图中一块重要的拼图，将进一步推动福建省食品安全可追溯体系与平台的建立。

9.2 项目背景

中国食品行业正处于成长期，行业竞争激烈，集中度较低，中小企业比例高，这也就导致了监管要求更严苛，整条生产链的食品安全管理都有待加强。

从国家层面看，在食品安全可追溯体系的构建和实施进程中，国家相继出台了食品安全立法体系，如《中华人民共和国农产品质量安全法》《中华人民共和国食品安全法》《中华人民共和国标准化法》等，同时制定相关标准，建立面向不同行业的溯源系统并在各地试点实施。中国物品编码中心在全国建立涵盖肉蔬水果、加工食品、水产品及地方特色食品等多个领域产品的质量安全追溯应用示范基地以推进"中国条码推进工程"。

从企业层面看，目前诸多的食品企业和第三方追溯平台选择成为食品安全追溯试点的一员，企业多采用纸质条码和二维码标识技术，以"一企一号，一物一码"的产品数字化技术为核心，结合物联网及云计算技术，辅助政府和食品监管部门建立针对各企业的内外部追溯监管平台，帮助政府有效监管所属企业产品在全生命周期的详细信息。

基于十余年的食品安全追溯体系建设经验，中国食品质量安全可追溯体系建设在制度、标准和试点示范方面取得了一定的成果，但同时也显现出诸多困境，主要体现在食品溯源系统标准不统一、立法缺少强制实施、不同参与主体间追溯体系兼容性差、追溯技术有待完善、溯源信息内容不规范且完整性不足，溯源信息不能资源共享和交换等方面，成为制约我国食品安全可追溯体系继续健全发展的瓶颈。

量子云码科技公司作为一物一码综合解决方案服务商，致力于帮助企业解决食品安全追溯与数字化管理问题，助力食品行业追溯体系的完善，为推动国家健康中国建设，实施食品安全战略贡献科技力量。在量子云码溯源盼盼食品"数字化产品管理+可信溯源"服务案例中，量子云码科技公司帮助盼盼食品建立了数字化食品安全追溯体系，从原材料到生产线，对产品进行全链路严格且精细化的质量安全管控，让盼盼食品在流通销售领域更加安全可靠，为消费者提供放心食品。

9.3 项目建设情况

针对当前我国对产品监管安全性与高效性要求的日益提高，以及我国消费者对产品安全、品质高度关注的情况，量子云码在食品质量溯源服务的基础上，创新升级"数字化产品管理+可信溯源"完整一站式解决方案，这也是本案例中盼盼食品采用的服务。

145

　　福建盼盼食品有限公司始创于 1996 年，是以农产品精深加工为主的国家农业产业化重点龙头企业，集团旗下拥有 16 个大型现代化生产基地。作为亚洲品牌 500 强的盼盼食品，一直致力于产品研发和技术创新，始终以"绿色、健康、营养、时尚、方便、放心"的产品服务消费大众。2022 年，盼盼食品成为北京冬奥会和冬残奥会官方赞助商，为其供应指定奥运休闲食品。

　　盼盼食品作为我国家喻户晓的老字号企业，其几十种明星产品包括盼盼每日坚果、粗粮饼干、软面包、瑞士卷等深受各个年龄层消费者的喜爱。随着盼盼食品市场规模的扩大与产品种类的不断丰富，对食品安全溯源建设方面的要求也越来越高。为此，量子云码为盼盼食品提供了完整的一物一码"数字化产品管理+可信溯源"解决方案，以新一代的创新数字技术，帮助盼盼食品建立食品安全追溯体系。

　　基于自主核心专利算法，通过区块链生码、数字化赋码，量子云码为盼盼食品每个产品的外包装上赋予独一无二的"身份证号码"（见图 9-2），为企业搭建能够贯穿生产加工、仓储物流、终端销售等各环节的食品安全追溯管理体系，实现对每个产品进行全生命周期精细化管理，确保较小包装单位也可溯源。量子云码溯源标识极难复制、破损可读等技术特性，能够保证食品包装上溯源标识的唯一性，帮助盼盼食品留存真实有效的数据信息，实现各个环节的全程监控记录产品生产溯源信息，同时可与政府监管平台对接，确保在任何环节都能快速处置问题，溯源产品信息和鉴定真伪，发现食品有问题时可及时召回，做到来源可查、去追可追、责任可究，为品牌的消费者提供更安全更可靠的食品保障，帮助品牌赢得市场认可。

图 9-2　盼盼食品数字化产品管理与可信溯源

在帮助盼盼食品溯源的基础上，面对市面上的假冒伪劣、贴牌销售、擦边山寨等产品，量子云码溯源标识还能为盼盼食品快速提供证据证明产品真伪，避免质监局查处与减少负面影响品牌声誉。同时，以一物一码为载体，结合量子云码防伪追溯与预警平台，以数据驱动经营，让业务数据在线化、数字化、可视化，提升企业信息化管理效率，解决渠道窜货、数据分析、营销活动、用户画像等问题，帮助企业降本增效，创造更多价值。

盼盼食品采用的是世界第三代物联网编码标识技术——量子云码，量子云码的单个码点直径30~40微米，是头发丝直径的1/2，极难被复制，保证了食品包装上溯源标识的真实可靠，避免发生标签被伪造或重复利用的风险；且量子云码即使破损超过90%仍可高效识读，即使被恶意破坏，依旧能够从残留的量子云码标签中读取信息，实现全过程数据链可信存证和解析，追溯产品真实有效的信息。

9.4 项目展望

基于一物一码，量子云码技术能够让每一位消费者成为"打假卫士"，让假冒伪劣商品没有生存土壤；给每一位执法监管员配备"精工利器"，净化市场环境和秩序，助力政府和企业构建全链式全要素的商品感知和追溯体系，助力国家提升社会治理能力和治理水平。未来，量子云码科技公司将继续科技创新与技术研发，用中国人自己的第三代物联网追溯编码技术——量子云码探索实现与区块链融合对接，优化人工智能技术应用及智能识别算法训练平台，在一物一码基础上搭建智能数字化平台拓展更多的应用场景。

10

四川省虎虾网络科技有限公司追溯应用案例

10.1 公司简介

如图 10-1 所示，四川省虎虾网络科技有限公司是一家专业从事全流程追溯的高新技术企业。公司将自动识别技术、自动控制技术、互联网技术、物联网技术综合运用，通过对单一商品的赋码，实现从原料入库、领料生产、质检入库、分销流转、智能促销等各个环节的数据采集和追踪，从而打造商品全链条数字化管理和营销管理。公司服务遍布国内 80% 的城市，是一家以产品技术研发为导向的企业，在不同行业、不同领域、不同场景下提供了全方位的一物一码数字解决方案与服务。

丰富的产品运营经验	精准的营销能力	对项目的深刻理解	对硬件的了解
10年toB产品开发经验，7年toB产品运营经验；	600+客户的合作，50个行业解决方案；	软件系统独立自主研发，拥有知识产权；	自有硬件加工厂，拥有价格低、实施快、经验丰富等优势

图 10-1 公司简介

10.2 典型案例

10.2.1 重庆飞亚实业有限公司

重庆飞亚实业有限公司（以下简称"飞马味精"）是一家集研发、生产、经营于一体的具有60年历史的大型国有调味品生产服务企业，主要生产味精、鸡精及复合调味品，为连锁餐饮机构和单品行业提供定制化菜品解决方案服务。

2022年1月，飞马味精联合虎虾科技，针对目前飞马主营产品，推出"一区一策、一商一策、一店一策"的数字化营销系统，在不同产品、不同区域、不同经销商实行不同的营销政策，实时监控产品动销情况。

2022年5月底推出产品全流程追溯，实现生产进度管理，生产流程追溯（见图10-2）。

飞马味精联合虎虾科技搭建了一整套"数字化追溯+营销系统"，包括从原辅料入场、再到工艺工序追溯，以及经销商和消费者的整个产品生命周期追溯，并通过消费者扫码领取红包和积分来刺激市场消费。

（1）原料入厂后，厂区会做原料库区、库位管理。产品生产环节，按批次追溯该批次的原辅料及工艺工序。

（2）成品包装后采集单品二维码信息，并写入批次追溯信息，即可实现一品一码追溯。

（3）物流发货环节，扫描箱/垛二维码信息，并写入经销商信息，即可实现渠道追溯。

（4）消费者扫码后领取红包，获取扫码信息，系统通过获取数据进行大数据分析，为新品研发、市场开拓、活动促销提供大数据支持与分析。

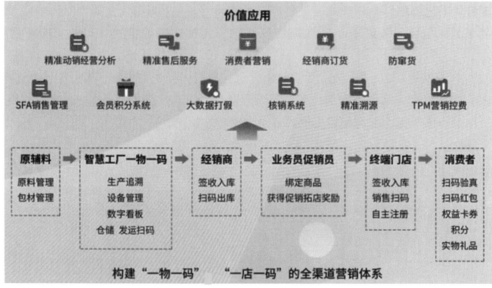

图 10-2　飞马味精追溯方案

10.2.2　四川航佳生物科技有限公司

四川航佳生物科技有限公司始创于 1996 年，是一家集动物油脂研发、生产及销售于一体的现代化科技企业，也是四川省级技术企业中心，经过 27 年的积累沉淀，目前已成为年产值超前的牛油企业，有火锅的地方就有旗下"张兵兵火锅牛油"品牌，2013 年首推"老火锅牛油"，用一次性牛油重新定义"老火锅"；2018 年行业首创"心形打锅牛油"，2022 年行业首创牛油"五香"技术，推出"太火多肽牛油"。截至 2022 年 9 月，"心形打锅牛油"累计销量超 9300 万个，引领了火锅餐饮品牌锅底呈现创新的新时尚。

2021 年，"张兵兵火锅牛油"为树立牛油品牌形象，创立牛油行业标杆，隆重推出产品全流程追溯系统。以通过应用一物一码技术，每一件产品都被赋予一个独特的二维码标签，实现了每一件产品生产可记录、安全可预警、源头可追溯、流向可跟踪、信息可存储、身份可查询、安全责任主体可认定、产品可召回（见图 10-3）。

图 10-3　牛油追溯方案

在产品原料采购、生产加工、质量检验、仓储运输、流通销售整个过程中，采用无纸化操作，可以减少人为操作产生的错误，纸质单据遗失等问题，提升各环节工作效率。

对产品加工工序进行全流程监管，使产品安全变得更可控。当产品出现问题时，可以根据记录的节点信息快速找出问题的根源，找出是哪个工序或环节存在问题，对问题进行剖析改进。另外，对于流入市场的产品，可以快速召回。

在产品出入库可以进行快速货码核对，实现高效精准出入库。避免出入库货物与单据货物不一样的情况发生。

实时掌握经销商产品库存、销售进度、销售区域，有效管控经销商恶意窜货，降低企业损失。

消费者购买产品后，使用手机扫描二维码标签，可以获得产品的信息，对产品质量有所了解，提升对企业品牌的可信度和依赖感。

企业可以通过消费者使用商品的追溯功能获得庞大的扫码数据量，这对企业的生产经营和营销策略有极大的参考价值。

10.2.3 郫县鹃城豆瓣股份有限公司

四川省郫县鹃城豆瓣股份有限公司（以下简称"公司"）位于有着"中国川菜之城，郫县豆瓣之乡"美誉之称的成都市郫都区安德镇中国川菜产业城，是西南地区历史悠久的规模化豆瓣酱生产企业。

公司作为中国非物质文化遗产郫县豆瓣传统制作技艺的传承企业，是郫县豆瓣行业龙头企业及行业标准化生产示范工厂，目前主营"鹃城牌""益丰和"郫县豆瓣、即食及复合调料等系列产品。产品远销日本、韩国、新加坡、美国、加拿大、澳大利亚、荷兰、英国、德国、法国、巴西、智利、俄罗斯等80多个国家和地区。

为规范市场行为，防止经销商恶意窜货，维护企业品牌形象，2020年5月公司联合虎虾科技推出产品防窜货系统。该系统采用瓶/箱/垛关联技术，实现单品及箱的物流流向追踪，严格管控产品流向，从而防止经销商恶意窜货。2021年，公司推出经销商促销系统，针对不同角色，开展不同的营销策略，真正给经销商、门店及消费者带来实惠和利益。

如图10-4、图10-5、图10-6所示，通过每袋/每瓶/每箱产品赋予一个二维码，在包装产线上实现瓶/箱/垛关联。物流发货人员只需要通过发货PDA硬件扫描单箱或整垛，写入发货地址和经销商信息。监控订单生产流程，并实时查看产品流向，通过采集数据、绘制数字大屏，即可实时查看工厂订单情况。

图 10-4　郫县鹃城牌豆瓣追溯方案-1

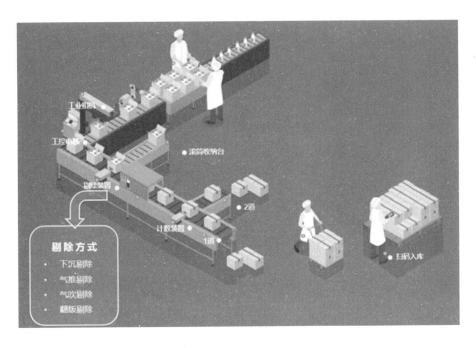

图 10-5　郫县鹃城牌豆瓣追溯方案-2

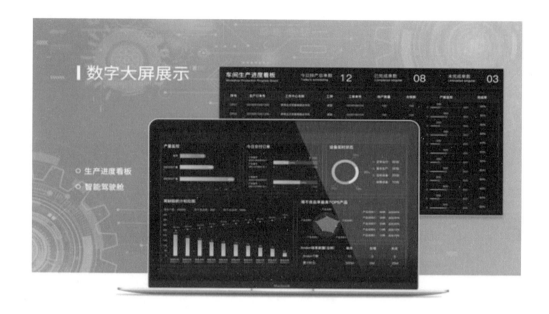

图 10-6　郫县鹃城牌豆瓣追溯方案-3

11

三亚崖州区芒果区块链管理平台的建设与应用

11.1 项目背景

　　农产品追溯系统因可降低质量安全风险，提高产品召回效率、保障公众健康水平，已成为农产品供应链管理的有效手段。农产品溯源可以让消费者了解农产品的生产信息，看到农产品的生产全过程，对企业、对产品更放心。但因农产品及食品供应链时空跨度大、参与主体众多且分散、中心化方式管理与运作困难，加之数据采集时缺乏约束机制，易造成信息不透明，导致追溯信息可信度不高。提高追溯可信度已成为追溯系统可持续应用中面临的重要问题。通过在农产品的溯源过程中引入农业元宇宙技术，以更加真实的场景和更加多元的表现形式向消费者展示产品生产和流通全过程，可以大大降低农产品质量信息的获取成本，使得消费者对农产品的种植、生产、加工、流通等各环节都有更为清晰的认知，这对于打击农产品市场上存在的以次充好行为、保护国家地理标志农产品的品牌属性、促进中国农产品行业朝着健康的方向发展均有着重要意义。

　　当前，农产品追溯系统与农业元宇宙的结合大多在区块链领域，利用区块链不可篡改、可追溯、高透明度的特性，构建农产品区块链追溯系统。随着农业元宇宙技术的发展，农业元宇宙和农村电商的联结会成为化解食品安全和供需矛盾，促进消费者和生产者有效沟通的重要手段。消费者可通过农业元宇宙终端看到产品产地的所有情况，并根据个人需要购买相应产品，实现产品从采摘到快递再到家全程可控。

11.2 平台架构

　　上海农业信息有限公司承担研发的三亚崖州区芒果区块链管理平台成功搭建后，产业链上各环节主体作为节点接入，打通了产业链上下游数据，解决了农业产业链条上各环节信息不对称的问题。生产端数据上链，用于消费者溯源和政府食品安全监管，有助于为民众提供更良好的安全饮食环境；供应链数据上链，降低信息传递时间和人工成本，有助于提高供应链协同效率；消费者个性化数据上链，实现产销精准对接，促进产销平衡；金融信贷数据上链，帮助农业经营主体建立可信数据征信体系，降低农业经营主体的金融服务获得门槛；政府监管作为超级节点加入，可根据权限设置，访问和审核所监管的生产企业数据，同时予以签名认证，实现农业产业实时监管，提高监管效率和监管效果。项目总体框架如图 11-1 所示。

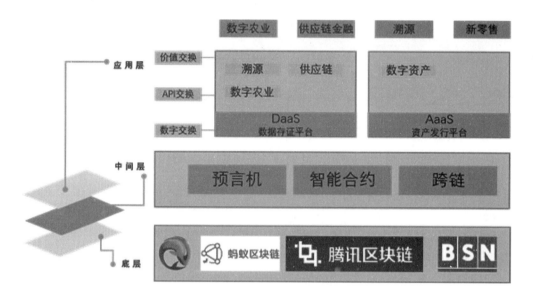

图 11-1　三亚崖州区芒果区块链管理平台研发项目架构图

11.3　功能模块

三亚崖州区芒果区块链管理平台，主要由基地概况、产销对接、产品追溯、区块链、金融服务和一键投保六个模块构成。

（1）基地概况

三亚崖州区通过示范基地进行农产品的全流程追溯，受到《海南日报》《三亚日报》等多家媒体报道。基地产品的品种主要是贵妃芒，检测报告显示，该产品农残检测 20 项各项指标合格且含有丰富的微量元素。通过农业物联网技术的应用，实时收集农田温度、湿度、风力、大气、降雨量等数据信息。通过专业拍摄形成基地 VR，可查看基地全貌。基地监控可实时查看基地最新动态，基地管理人员可在手机端实时查看基地情况（见图11-2）。

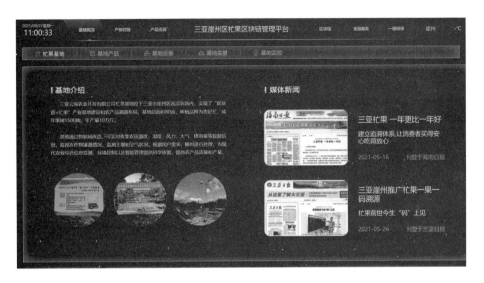

图 11-2　基地概况

（2）产销对接

如图 11-3、图 11-4 所示，通过菜管家等电商平台，对接上海等高端市场，增加产品销售通路。

图 11-3　产销对接——基地 VR 实景

图 11-4　产销对接——菜管家和微店

（3）产品追溯。如图 11-5 所示，通过生产过程数字化，可支持消费者直接云端体验农产品生产基地生产过程，实现食品安全可追溯，从而增加消费者的信任度，打造精品芒果产业，提升产业附加值。

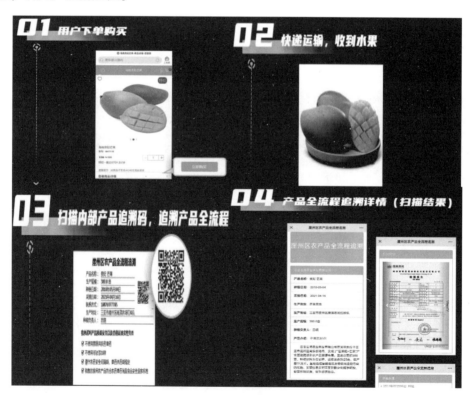

图 11-5　产品追溯

（4）区块链

应用区块链技术后，供应链中涉及的大量信息（基地设备、种植信息、产品信息）将会被永久记录，且难以篡改，从而避免人为错误，提高安全性（见图11-6）。

图 11-6　区块链查询

（5）金融服务

应用去中心化功能申请贷款时，将不再依赖银行、小贷公司等中介机构提供信用证明，贷款机构通过调取区块链的相应数据信息即可开展业务，能大大提高工作效率。

（6）一键投保

通过种植业投保地图，农户可通过简单的勾选，实现一键投保生成电子保单，轻松操作、种植无忧。

11.4　应用场景

11.4.1　区块链+芒果产销供应链

供应链中涉及产品配置、物流配送、交易结算等众多环节，数据量十分庞大。应用区块链技术后，供应链中涉及的大量信息（价格、日期、地址、质量、产品状态等）将会被永久记录，且难以篡改，真正实现了"从哪里来、到哪里去"的全过程数据上链。

通过区块链技术实现可信数据的交易、增值、增信，积分营销、激励消费、提升品牌，助力农业数字化转型，促进质量提高，渠道采购商订单稳定，价格稳定增长，农民增收。

11.4.2　区块链+芒果金融服务探索实践

目前，金融领域是区块链应用最活跃和比较成功的领域，但农业金融具有一定的特殊性，还需要不断探索。例如，在如何认知有效抵押物、建立契约机制方面相对薄弱，总体上担保贷款比较难。

区块链技术可以保证信息更透明、篡改难度更高，增加了诚信，降低了成本。应用区块链技术将农业供应链上下游数据打通，建立基于可信数据的信用体系，发展普惠金融，解决农业融资难、融资贵的问题。

11.5　实施效果

产品溯源＋区块链系统产品全生命周期上链、生产消费流通均可追踪。产品溯源+区块链系统是基于区块链技术展开的商品溯源系统，通过区块链技术对产品的生产、流通、消费等全部生命周期进行监控，实现产品可查、去向可追、责任可究的全方位透明化发展，更好地防范了假冒伪劣产品的产生。通过产品与区块链的结合，借助区块链的不可篡改性和永久所有权的特点，提高用户的信任。具体而言，政府、企业和消费者三个维度的效果如下。

（1）政府：监管更高效

政府可以建立基于区块链技术的芒果产业供应链系统，全局掌握芒果产业链数据，提高产业管理效率，提升产业服务水平。基于追溯数据，监管部门可以建立质量安全追溯体系，有效追踪食品安全风险，实现风险预警和应急管理，实现管辖区域内农产品质量安全有效监管。

（2）企业：生产更精准

农业生产加工企业等经营主体可以更直接地触及市场终端需求数据，实现产销无缝对接，也可以更直观地追踪供应链数据，提高物流供应链上下游的协同效率。同时，将生产环节数据提供给生产服务第三方用作定向研发，从而可以获得更好的种子、农资、统防统治方案等生产服务，从而实现农业生产的更精准、更高效和更生态环保。

（3）消费者：消费更安心

消费者通过手机扫描二维码，可以快速直观地了解农产品从种植（养殖）到加工、销售整个过程的数据信息，同时数据可以在区块链浏览器查询，公开透明、安全可信，使消费者明明白白消费、绿色安全食用。既可以满足消费升级的需求，引导消费者在农产品消费中从重外观向重品质和安全转变，还可以从消费端倒逼生产端重视产品品质，减少化学品投入，保护环境。

资料汇编篇

12

2022—2023 年食品行业信息追溯相关政策文件

12.1 关于印发《2023 年全国农资打假和监管工作要点》的通知

各省、自治区、直辖市及计划单列市农业农村（农牧）厅（局、委）、法院、检察院、工业和信息化主管部门、公安厅（局）、市场监管部门、供销合作社，新疆生产建设兵团农业农村局、法院、检察院、工业和信息化局、公安局、市场监督管理局、供销合作社：

为贯彻落实党中央、国务院决策部署，切实加强农资监督管理，强化供应质量，严厉打击侵权假冒等违法犯罪行为，保障粮食安全和农产品质量安全，维护农民合法权益，农业农村部、最高人民法院、最高人民检察院、工业和信息化部、公安部、国家市场监督管理总局和中华全国供销合作总社联合制定《2023 年全国农资打假和监管工作要点》。现印发你们，请认真贯彻执行。

在工作中如有任何问题和建议，请及时与全国农资打假部际协调小组办公室（农业农村部农产品质量安全监管司）联系。电话：010-59192353，传真：010-59191891。

农业农村部　最高人民法院　最高人民检察院

工业和信息化部　公安部

国家市场监督管理总局　中华全国供销合作总社

2023 年 4 月 5 日

2023 年全国农资打假和监管工作要点

做好 2023 年全国农资打假和监管工作，要以习近平新时代中国特色社会主义思想为指导，全面贯彻党的二十大精神，落实中央农村工作会议、中央一号文件和全国农业农村厅局长会议部署要求，坚持问题导向、标本兼治、打防结合，持续推进农资打假专项治理，净化农资市场秩序，切实保障农业生产有序开展，为保障粮食和重要农产品稳定安全供给夯实基础。

一、加大农资排查检查力度

1. 开展日常巡查检查。各地在春耕备耕、春季田管、三夏、秋冬种等重点农时期间，组织开展农资质量拉网式排查，重点就农资生产企业和经营单位资质、进货查验制度、购销台账记录、产品标签标识等开展检查，规范农资生产经营行为。针对不法分子"躲猫猫""打游击"等情况，要采取不定期检查、暗查暗访、飞行检查等手段发现问题，加大对以往发现问题多、群众投诉举报多的企业和产品检查力度（农业农村部、国家市场监督管理总局按职责分工负责）。持续开展农机产品质量调查，促进技术创新，提升产品质量，支持质量创新和质量提升（农业农村部负责）。

2. 加强农资质量抽检。按照"双随机、一公开"的原则，组织种子、肥料、农药、兽药产品质量监督抽查，开展饲料产品质量监督抽查、风险预警监测和饲料企业现场检查（农业农村部负责）。将复合肥料、磷肥、氮肥、钾肥、有机肥料、泵、机动脱粒机、玉米联合收割机、农用地膜等 9 种农资产品列入 2023 年国家监督抽查计划，持续开展监督抽查工作（国家市场监督管理总局负责）。在农资产品监督抽查中，将群众投诉举报、排查发现隐患、新闻媒体曝光的产品和企业列为必检对象，探索对线上农资产品开展抽检。进一步提高质量抽检工作效率，及时公布抽查结果，对不合格产品跟进开展执法查处（农业农村部、国家市场监督管理总局按职责分工负责）。

二、严打农资违法犯罪行为

3. 强化农资执法办案。畅通投诉举报渠道，深入开展走访摸排，广辟线索来源，对假劣农资上挖生产厂家、下追销售流向；聚焦农业生产必需、使用量大的农资品种，持续严打套牌侵权、非法添加、以不合格产品冒充合格产品特别是流窜兜售假劣农资等违法行为，依法依规进行处罚，构成犯罪的，依法追究刑事责任；加强农资案件经营，强化串并案件，全面调查取证，集中侦破一批农资大要案件，必要时挂牌督办案件；强化农资打假案件信息公开，在重要农时及时公布一批农资打假典型案例，对不法分子加强震慑（最高人民法院、最高人民检察院、公安部、农业农村部、国家市场监督管理总局按职责分工负责）。

4. 开展专项行动。部署实施农业综合行政执法"稳粮保供"专项行动，聚焦农资质量，锚定关键环节、关键主体、关键产品，加大执法检查和抽检频次，强化违法案件查处力度（农业农村部负责）。扎实推进种业振兴市场净化行动，开展种业监管执法年活动，加强部门协同、部省联动，严格种子监管执法，全面净化种业市场，确保农业生产用种安全（农业农村部牵头，最高人民法院、最高人民检察院、公安部参与）。深入开展牛羊"瘦肉精"专项整治，持续对饲料、兽药领域违法违规行为保持高压严打态势；开展农膜联合监管执法专项行动，全面排查整治生产销售非标地膜和不按规定回收废旧地膜等违法行为，依法加大监管和打击力度，严禁非标地膜入市下田，有力推进地膜科学使用回收（农业农村部、国家市场监督管理总局按职责分工负责）。部署开展"昆仑 2023"专项行动，组织全国公安机关依法严厉打击制售假劣农资、"瘦肉精"等犯罪活动，切实形成高压震慑（公安部负责）。将打击假劣化肥纳入市场监督管理总局"铁拳行动"方案，组织各地市场监管部门严厉打击制售假劣化肥产品违法行为（国家市场监督管理总局负责）。

5. 强化行刑衔接。加快推动《农产品质量安全领域行政执法与刑事司法衔接工作办法》出台实施，推进落实《关于保护种业知识产权打击假冒伪劣套牌侵权营造种业振兴良好环境的指导意见》，健全农资和农产品质量安全领域行刑衔接机制，鼓励地方探索建立食品安全民事公益诉讼惩罚性赔偿制度等。加强行政执法、刑事司法部门农资打假工作沟通协调，畅通合作渠道，联合开展重大案件督查督办，提升行刑衔接质效，切实保障农资和农产品质量安全（最高人民法院、最高人民检察院、公安部、农业农村部按职责分工负责）。

6. 加强执法司法办案队伍专业化建设。抓好《最高人民法院关于进一步加强涉种子刑事审判工作的指导意见》（法〔2022〕66 号）等涉农资领域案件办理相关文件的贯彻落实，加强工作业务交流，持续提升全国法院审理农资打假刑事案件能力水平（最高人民法院负责）。聚焦农资案件办案实践需求，组织开展执法司法人员业务培训，探索推进执法、司法、行政等机关共同举办或互派人员参训（最高人民法院、最高人民检察院、公安部、农业农村部、国家市场监督管理总局按职责分工负责）。

三、健全农资监管机制

7. 优化农资审批管理。落实国务院"放管服"改革要求，严格农资审批标准，健全农资审批管理制度，对绿色高效的农资产品，在依法合规的前提下，推动审批管理减时限、减材料、提效率（工业和信息化部、农业农村部、国家市场监督管理总局按职责分工负责）。持续强化农机产品认证管理，适时修订认证规则，确保产品符合技术发展，满足安全要求，加强农机产品认证机构监管，加强农机鉴定工作信息公开（国家市场监督管理总局、农业农村部按职责分工负责）。

8. 推进农资追溯管理。继续开展化肥行业产品追溯体系建设试点，指导试点企业尽快建成追溯体系（工业和信息化部负责）。健全完善种子、农药等农资质量追溯，全面推进兽药二维码追溯监管，实现主要农资品种全链条追溯管理（农业农村部负责）。进一步强化供销系统农资质量管理工作机制，严把入口审验关，督促系统农资企业健全完善"两账两票一卡一书"制度。进一步加快农资物联网应用推广，扩大中国农资质量追溯平台的使用范围和数量，从源头防控假冒伪劣农资经由供销合作社渠道进入市场销售（中华全国供销合作总社负责）。

9. 探索农资信用管理和行业自律。加大农资领域信用信息归集、共享和公开力度，通过国家企业信用信息公示系统等信息化系统依法公开相关政府部门产生的行政许可、行政处罚等信用信息，组织对农资生产经营主体开展信用动态评价。完善农资违法失信联合惩戒机制，探索推进农资生产经营主体信用评价结果在行政审批、项目申报、评优奖励等领域应用（全国农资打假部际协调小组各成员单位按职责分工负责）。发挥农资行业协会作用，鼓励协会对成员企业开展信用评级评价，示范引领全行业构建诚信自律氛围（工业和信息化部、农业农村部、国家市场监督管理总局、中华全国供销合作总社按职责分工负责）。

四、推动放心农资下乡进村

10. 畅通绿色优质农资供应渠道。全面推广绿色优质农资，依托农资龙头企业、供销社、农民专业合作社等联农带农力量，强化集中展示活动举办和日常展示平台建设，扩大绿色优质农资供应覆盖面。实施全国供销合作社"绿色农资"升级行动试点，向社会发布2023年供销合作社农资保供重点企业名单，树立系统优秀企业形象（中华全国供销合作总社负责）。

11. 加强农资打假宣传培训。普及新制修订的《中华人民共和国农产品质量安全法》《中华人民共和国种子法》和《农药管理条例》《兽药管理条例》《农用薄膜管理办法》等法律法规规章，面对面向农民群众和农产品生产经营主体讲解农资识假辨假知识，认清假劣农资的危害，有条件的地方组织开展专业化培训。梳理汇总农资信访反映情况，整理发布一批案例，提醒农民群众注意防范。持续举办农机"3·15"活动，宣传农机质量维权、投诉等相关知识，组织协调处理农机质量投诉（农业农村部负责）。

12. 加强农资行业技术支撑。继续加强农作物种子、肥料、农药、饲料及饲料添加剂、农用薄膜等领域国家标准、行业标准的研制，加大标准宣贯力度，推动农资企业按标生产，提供合格产品和服务，为农资行业高质量发展提供标准支撑（国家市场监督管理总局、农业农村部、工业和信息化部按照职责分工负责）。

五、加强互联网农资监管

13. 开展农资打假"净网"行动。按照《中华人民共和国电子商务法》及相关法律法规有关规定，以农药、兽药、种子、农机等为重点农资品种，开展互联网农资经营违规信息清理，确保经营者落实进货查验、购销台账等要求，严格执行限用农药不得利用互联网经营的规定；督促电商平台切实履行责任，逐一核实农资电商资质身份，建立健全合规经营者名录。对媒体曝光、投诉举报等发现的线上违法违规行为，依法依规严肃查处（农业农村部牵头，公安部、国家市场监督管理总局等部门按职责参与配合）。

六、完善农资打假协作机制

14. 强化工作协同联动。加强农资打假各部门间信息交流、情况通报、检测鉴定和案件移送，形成农资打假工作合力。对发现跨区域的假劣农资问题线索，要强化协同办案、区域联查、跨区协查。省级部门要持续跟踪重点案件办理进度，督促依法查处并及时报送办理结果（全国农资打假部际协调小组各成员单位按职责分工负责）。

15. 构建社会共治格局。畅通农资打假举报电话、网络举报信箱等投诉举报渠道，有条件的地方建立健全投诉举报奖励制度，鼓励各界反映假劣农资情况问题。依托行业协会、公益组织、新闻媒体等力量，强化农资领域社会监督和维权服务指导，带动全行业规范生产、自律经营，努力营造全社会关心支持农资打假的良好氛围（全国农资打假部际协调小组各成员单位按职责分工负责）。

16. 加强绩效考核评价。发挥绩效考核指挥棒作用，科学设置质量工作考核、平安中国建设考核中农资打假指标，进一步压实属地责任，客观反映各地农资打假日常工作开展情况、执法办案成效等，推动各项农资打假任务落实落细（全国农资打假部际协调小组各成员单位按职责分工负责）。

12.2 农业农村部关于印发《畜禽屠宰"严规范 促提升 保安全"三年行动方案》的通知

各省、自治区、直辖市农业农村（农牧）、畜牧兽医厅（局、委），新疆生产建设兵团农业农村局：

为全面规范畜禽屠宰行业秩序，提升畜禽产品质量安全保障水平，推动屠宰行业高质量发展，我部制定了《畜禽屠宰"严规范 促提升 保安全"三年行动方案》，现印发你们，请结合实际抓好落实，确保如期完成各项工作目标任务。

农业农村部
2023 年 4 月 7 日

畜禽屠宰"严规范 促提升 保安全"三年行动方案

为贯彻落实《中华人民共和国畜牧法》《中华人民共和国动物防疫法》《中华人民共和国农产品质量安全法》和《生猪屠宰管理条例》，以及《国务院办公厅关于促进畜牧业高质量发展的意见》有关要求，全面规范畜禽屠宰行业秩序，提升畜禽产品质量安全保障水平，推动屠宰行业高质量发展，我部决定实施畜禽屠宰"严规范 促提升 保安全"三年行动。具体方案如下。

一、行动目标

通过实施三年行动，到 2025 年，全国畜禽屠宰布局结构进一步优化，屠宰产能向养殖主产区集聚，与养殖产能匹配度明显提高；落后产能有序压减，牛羊禽集中屠宰扎实推进，畜禽屠宰产能利用率和行业集中度稳步提高，畜禽屠宰规范化机械化智能化水平明显提升；生猪屠宰企业全部实施屠宰质量管理规范（以下简称"屠宰 GMP"），部级生猪屠宰标准化建设示范单位达 200 家以上，其他畜禽屠宰标准化创建稳步开展；畜禽屠宰法规标准体系进一步完善，监管能力和水平进一步提升，屠宰环节畜禽产品质量安全得到有效保障。

二、重点任务

（一）加强法规制度建设，推动产业结构优化升级

1. 健全完善法规标准体系。出台《生猪定点屠宰厂（场）设置审查办法》《生猪屠宰质量管理规范》等管理制度，健全畜禽屠宰标准体系，全面规范畜禽屠宰行为和秩序。各地要做好《中华人民共和国畜牧法》地方配套立法工作，2025 年底前完成畜禽屠宰管理地方性法规或政府规章的制修订。在边远和交通不便的农村地区确需设置小型屠宰场点的，各地要制定具体管理办法，加强场点设置和质量安全管理。

2. 科学规划行业发展。各地要按照科学布局、集中屠宰、有利流通、方便群众的原则，科学制定畜禽屠宰行业发展规划，合理设定辖区屠宰行业发展目标，严格控制屠宰企业数量和产能，有序压减落后产能，稳步提高屠宰产能利用率和行业集中度；优化企业布局，引导畜禽屠宰企业向养殖主产区转移，促进运活畜禽向运肉转变，推进畜禽屠宰产业转型升级。原则上生猪屠宰行业发展规划应于 2023 年底前出台，其他畜禽屠宰行业发展规划应于 2025 年底前出台。

（二）强化监督管理，保障畜禽产品质量安全

3. 严格企业设立管理。畜禽屠宰企业的设立应当符合本省份畜禽屠宰行业发展规划和国家产业结构调整政策，具备法定设立条件。实行定点屠宰管理的，要依法依规严格审

批。加快淘汰桥式劈半锯、敞式生猪烫毛机以及手工屠宰等落后生产工艺。不符合条件的畜禽屠宰企业，责令停业整顿，逾期仍未达到法定条件的，依法予以关闭，实行定点屠宰的要吊销定点屠宰证书。各地要及时向社会公布合法合规企业名单，对于依法设立的屠宰加工场所，动物卫生监督机构方可派驻（出）官方兽医实施检疫。

4. 加强过程监管。各地要加强对畜禽屠宰活动的日常监督检查，建立监督检查专家库，完善"双随机"抽查机制，实施屠宰企业信用档案管理，规范事中事后监管。加大畜禽屠宰质量安全风险监测力度，加强风险监测能力建设和经费保障。强化风险监测结果应用，做好追溯核查，有针对性地开展监督检查。加快推动牛羊禽集中屠宰、集中检疫，落实肉品品质检验等质量安全管理制度。抓好畜禽屠宰标准落实工作，全面推行生猪屠宰GMP，鼓励各地对其他畜禽实施屠宰GMP。

5. 严厉打击违法违规行为。对未按规定建立质量安全管理制度，出厂销售未经检验、检疫或者经检验、检疫不合格的畜禽产品的，各地要依法依规严肃查处。要加强畜禽屠宰专项整治，保持对私屠滥宰、注水或注入其他物质、屠宰病死畜禽等违法行为的高压严打态势。强化行政执法与刑事司法衔接，及时向公安机关移送涉嫌犯罪案件，严惩重处违法犯罪行为。落实"处罚到人"要求，依法实施行业禁入。

（三）压实主体责任，筑牢安全防线

6. 强化责任落实。各地要督促屠宰企业切实履行畜禽产品质量安全、动物疫病防控和安全生产主体责任，严格落实法律法规和有关要求，建立健全从畜禽进厂（场）查验到产品出厂（场）以及问题产品召回等全过程质量安全管理制度，把好产品质量安全关；严格落实屠宰检疫申报、动物疫病检测、动物疫情报告和清洗消毒等疫病防控管理制度；建立健全安全生产责任制，完善安全风险分级管控和隐患排查治理双重预防机制。

7. 强化能力建设。各地要规范开展兽医卫生检验人员考核，到2025年底，全国生猪屠宰企业全部按规定配备经考核合格的兽医卫生检验人员，牛羊禽屠宰企业兽医卫生检验人员考核稳步推进。要督促企业建立内部培训考核制度，确保企业人员掌握相关法律法规和专业知识技能，加强人员防护管理，配备必要的防护用品，落实人畜共患病防控措施。督促屠宰企业依法执行畜禽屠宰车间设计规范、操作规程、卫生规范、消毒规范、肉品品质检验等方面的标准和技术要求。鼓励企业实施畜禽肉分割、质量分级、屠宰加工设备等推荐性国家标准和行业标准。

（四）加强支撑保障，促进行业高质量发展

8. 推进示范创建。继续开展生猪屠宰标准化示范创建，积极推动将其他主要畜禽屠宰纳入示范创建范围。公布的示范单位可使用我部制定发布的专用标识，促进品牌建设。遴选公布一批畜禽全产业链发展典型案例，发挥示范引领作用。各地要加强对示范单位后续监管，实行动态管理，经评估不再符合条件要求的取消示范单位称号。在非洲猪瘟等重大动物疫病分区防控中，优先将屠宰标准化示范单位纳入"点对点"调运接收企业范围。

9. 推动智慧监管。各地要加强畜禽屠宰管理信息化建设，逐步实现对屠宰企业的智慧监管，积极推动无纸化出具肉品品质检验合格证，促进屠宰检疫和肉品品质检验信息关联，强化畜禽产品质量安全追溯管理。推动农业农村和市场监管相关业务系统互联互通，加强部门联动，提高监管效能。落实畜禽屠宰统计调查制度，完善统计报送信息系统，优化指标体系和统计标准，实现屠宰企业全覆盖、监测指标全覆盖，提高数据报送的时效性、准确性和完整性。

10. 加强政策支持。各地要积极推动出台促进畜禽屠宰行业发展的政策措施，支持畜禽屠宰企业参与国家现代农业产业园、优势特色产业集群、农业产业强镇等项目建设，提升畜禽屠宰企业机械化智能化水平，支持符合条件的畜禽屠宰企业申请认定农业产业化重点龙头企业。推动屠宰加工机械装备研发和畜禽产品冷链加工配送体系建设。落实农产品初加工企业所得税优惠、鲜活农产品运输"绿色通道"、无害化处理补助和金融助力畜牧业高质量发展等政策，支持屠宰企业发展。

三、组织实施

（一）加强组织领导

各省级农业农村部门要高度重视，按照本方案要求，结合辖区实际，研究制定本辖区实施方案，明确年度重点任务和工作措施。加强与公安、市场监管、生态环境等部门的沟通协作，及时解决推进三年行动方案实施过程中遇到的困难和问题，确保各项工作落实落地。各省级农业农村部门要于 2023 年 5 月底前将本省份实施方案报我部畜牧兽医局，每年年底报送年度工作进展；2026 年 2 月底前报送三年行动工作总结。

（二）加强考核评价

充分发挥食品安全工作评议考核、国家农产品质量安全县创建等导向激励作用，压实部门管理责任和企业主体责任，切实将畜禽屠宰行业管理重点工作落到实处。

（三）加强宣传引导

创新宣传方式，丰富宣传手段，加强畜禽屠宰相关法律法规及政策宣传解读，做好典型经验总结推广，宣传行动成效，曝光典型案例，营造有利于畜禽屠宰行业健康良性发展的环境氛围。

12.3 农业农村部关于加快推进农产品初加工机械化高质量发展的意见

农机发〔2023〕1 号

农产品初加工是现代农业做强产业链、优化供应链、提升价值链的重要基础。发展农产品初加工机械化，有利于减少农产品损失、提升农产品品质、增强农产品加工转化能力、提高农业生产经营效益，对于做大做强农产品加工流通业、发展乡村产业、拓宽农民增收致富渠道和巩固拓展脱贫攻坚成果具有重要意义。近年来，我国农产品初加工机械化发展取得长足进展，但发展还不平衡不充分，一些地区、产业和环节不同程度存在的装备总量不足、技术水平不高、设施设备不配套和加工服务能力不强等问题亟待解决。为全面贯彻落实党的二十大精神，落实2023年中央一号文件和《国务院关于加快推进农业机械化和农机装备产业转型升级的指导意见》（国发〔2018〕42号）的有关部署要求，现就加快推进农产品初加工机械化高质量发展，提出以下意见。

一、总体要求

（一）指导思想

以习近平新时代中国特色社会主义思想为指导，全面贯彻落实党的二十大精神，完整、准确、全面贯彻新发展理念，加快构建新发展格局，着力推动高质量发展，树立大食物观，锚定加快建设农业强国对强化农业科技和装备支撑的要求，以实现农产品初加工机械化、促进乡村产业振兴为目标，以减损提质、稳产保供、增值富农为导向，以培育壮大初加工服务市场主体、完善技术装备体系、推进机械化信息化融合为路径，以科技创新、机制创新和政策创新为动力，抓重点、补短板、强弱项、促协调，加快新技术新装备研发推广和集成应用，加快提升农产品初加工机械化水平和质量，促进农业机械化和农产品加工业流通业高质量发展，为发展乡村产业、巩固拓展脱贫攻坚成果、全面推进乡村振兴、加快建设农业强国提供有力支撑。

（二）基本原则

坚持因地制宜、突出重点。围绕农产品脱壳（毛）、屠宰、去皮（鳞）、分离、清理、分级、烘干、压榨、破碎、包装、贮（冷）藏保鲜等初加工需求，结合实际分区域、分产业、分品种、分环节明确机械化发展重点，突出粮食减损保供、菜篮子产品提质增效和脱贫地区特色产业发展壮大所需初加工设施装备研发推广，注重问题导向、系统谋划，优化产能布局，有效服务重点产业发展。

坚持市场主导、政府扶持。聚焦主导产业和农民需求，充分调动农产品初加工市场主体、技术装备研发单位和制造企业等方面积极性，加强政策引领，加大扶持力度，促进资源合理配置，推进农产品初加工生产机械化、规模化，加工服务专业化、社会化，为农产品商品化和精深加工提供有力支撑。

坚持创新驱动、协调推进。加强农产品初加工技术装备自主研发，创新推广应用机制，加快补齐短板，推进装备成套化、工程化、数字化。统筹农产品生产和产地初加工机械化发展，创新初加工机械化服务模式，不断提高农产品初加工质量效益，拓展农业产业链价值链。

坚持绿色引领、清洁生产。推广绿色清洁、智能高效农产品初加工技术与装备，推进农产品初加工废弃物资源化、无害化利用，做到农产品初加工机械化发展与环境保护兼顾，实现绿色发展。

（三）发展目标

到2025年，大宗粮油、大宗畜禽水产品初加工机械化生产服务体系基本建立，主要果蔬产品初加工机械化水平大幅度提升，特色农产品初加工薄弱环节"无机可用、无好机用"的问题实现突破，农产品初加工机械化率达到50%以上。其中大宗粮食、油料初加工机械化率达到60%以上，果蔬初加工机械化率达到40%以上，畜禽产品、水产品初加工机械化率达到50%以上。

到2035年，农产品初加工机械化率总体达到70%以上，农产品产地初加工各产业各环节机械化基本实现，服务能力能够满足生产需求，技术装备体系配套完善，信息化、智能化技术广泛应用，全面进入高质量发展阶段。

二、重点任务

（四）加快提升粮食油料初加工机械化水平

大力推进粮食油料产地烘干设施装备建设，加快提升产地烘干贮藏能力，保障粮食油料生产抗灾减灾、节粮减损需要。加快补上粮食产地烘干能力缺口，科学规划布局，新建扩建粮食产地烘干中心（点），补齐设施装备短板，优化烘干技术装备配置，推广应用绿色环保热源，配套完善清理、除尘等设备，提高粮食水分检测设备技术水平，提升粮食烘干品质、作业量在线监测能力，推进粮食烘干绿色化、信息化。结合粮食烘干能力建设，按照设施设备通用、补齐特需要求，布局油菜、大豆等油料烘干能力建设，加强油料水分检测设备研发应用。推进花生产地烘干技术装备研发推广，降低花生产后霉变损失。支持小宗特色油料初加工，不断提高柔性脱壳、去皮分离技术装备水平，降低破损率。加快米糠膨化设备推广应用，为米糠制油提供有效支撑。加快攻克薯类初加工病害薯检测技术，加快推广表面清理、分级分选、低损搬运、减损贮藏、净鲜切制等技术装备，推进产地商品化处理，减少薯类贮藏劣变损失。

（五）加快推进果蔬清选分级保质机械化发展

围绕果蔬产地集散、鲜食消费、精深加工需求，大力发展果蔬初加工机械化，依托农民合作社、家庭农场、加工流通企业、农村电商等主体，加强果蔬产地初加工设施装备条件建设，提升标准化加工处理能力，完善服务功能，降低果蔬产后损失，促进保质增值。蔬菜初加工，重点推广选拣、切分、清洗、分级、包装、预冷保鲜等技术装备，加快发展净菜加工、脱水干制、保鲜贮藏等智控节能成套技术装备，提高蔬菜产地商品化处理率。水果初加工，重点推广果品无损检测、分级分选、杀菌包装、智能预冷冷藏等成套技术装备，保持水果品质，提高流通效率。食用菌初加工，重点推广采后干制、分级包装、保鲜贮藏技术装备，提高产业发展质量效益。

（六）积极拓展特色优势农产品初加工机械化领域

加大特色优势农产品初加工机械化推进力度，加快主产区产地清洗分拣、烘干贮藏、分级包装、预冷保鲜等技术装备的推广应用，扶持壮大初加工机械化服务主体，支撑产业稳定发展，拓展产业增值增效空间。茶叶初加工，重点发展节能型分选成型烘干技术装备，有条件的地区发展自动化、智能化成套加工技术装备，提升茶叶品质。中药材初加工，重点发展净制、切制、干燥、分选、包装、贮藏技术装备，保障药材品质独特的加工需求，积极推动蒸煮、杀青、发酵、发汗等技术装备研发。麻类初加工，重点发展纤维剥制、梳理和干燥技术装备。推进机采长绒棉初加工机械及配套设备研发，加快棉花初加工设备升级改造。积极推进坚果剥皮脱壳与杀菌烘干分级、蚕茧干燥剥蚕、香料干燥脱壳等机械化，促进脱贫地区特色优势农产品初加工适配装备提档升级，助力产业做大做强。

（七）全面提高畜禽产品初加工机械化水平

坚持屠宰与养殖布局相匹配，支持优势屠宰产能向养殖集中区转移，实现畜禽就近屠宰加工，促进运活畜禽向运肉转变。淘汰落后产能，优化屠宰工艺流程，推动研发创新主体开展畜禽屠宰加工设备创制，补齐国产化短板。借助数字化技术和人工智能技术，加快宰前检验、自动开胸或自动掏膛、宰后同步检验、自动劈半、在线称重、自动分级、冷却排酸以及自动分割、产品包装、冷冻冷藏、智能出入库等屠宰加工成套技术装备与数字化可追溯系统的推广应用。支持引导老旧屠宰加工设施设备更新，推进集成致晕、屠宰、烫毛、脱毛、劈半、称重、清洗、冷却及分割、杀菌、包装、冷冻、冷藏全程机械化技术的屠宰企业建设。鼓励企业开展养殖、屠宰、加工、配送、销售一体化经营，积极推广应用绿色环保、无害化处理技术与装备，推进骨毛皮血等综合利用。加强禽蛋集收、整理、清洗、杀菌、风干、喷油保护、检验称重、分级包装成套技术装备推广应用，提高蛋品卫生质量。加强生鲜乳预冷、冷藏成套装备与冷链运输设备推广应用，鼓励有条件的奶农、合作社开展养殖、加工、配送、销售一体化经营，为保障生鲜乳品质量提供有力支撑。

（八）稳步推进水产品初加工机械化发展

优化水产品初加工布局，聚焦主产区和重点品种，加快补齐水产品初加工链条短板，提升加工比例，实现减损增效。推进水产品养殖企业配置和升级改造暂养净化、分等分级与保活运输设施设备，捕捞渔船配置和升级改造船上冷藏冷冻设备，产地初加工企业配置和升级改造分等分级、清洗分割、保鲜冷冻、灭菌包装和生态环保设施设备，完善初加工服务流通功能。围绕经济鱼类初加工的暂养去腥、分等分级、输送、三去（去鳞、去鳃、去内脏）、放血、分割、快速冻结，虾类初加工的清洗、分等分级、剥制去壳，贝类初加工的清洗、净化、预冷、分级、取肉，藻类的海上采收、运输和岸上漂烫、捋切、干燥，头足类的剖杀、清洗、切割、蒸烤，海参的分等分级、清洗、蒸煮、盐渍、干燥等重点环节，鱼头鱼骨、内脏、外壳等副产物综合利用，加快产业亟需适用装备研发、示范和推广应用，推进技术装备的成套化、自动化和智能化。

（九）加快推进农产品初加工机械化技术与应用体系建设

完善农产品初加工机械化技术创新体系，建立健全以企业为主体、政产学研用协同的创新机制，推进农机装备与农产品初加工工艺融合，加强共性技术和关键装备攻关，加强废弃物资源化利用、无害化处理技术装备研发，加快技术装备集成创新，推进农产品初加工机械装备成套化、成套装备与配套设施一体化应用，提升农产品初加工工程化水平。加快农产品初加工信息化应用体系建设，推进现代信息技术与农产品初加工机械化融合，大力推广集在线无损检测、精准控制、智能操作一体化的初加工技术装备，加强重要农产品初加工作业监测和质量追溯，鼓励农产品初加工市场主体开展设施装备信息化改造，提高初加工成套装备信息化、智能化水平，促进信息互联互通、数据共享和资源高效利用。推进农产品初加工机械化标准体系建设，加快农产品初加工装备及配套机械化工艺、作业操作规程等标准制修订，加强标准化初加工技术、设施设备筛选评价，加快推广应用。加快推进农产品初加工社会化服务体系建设，积极探索发展农产品初加工生产托管、订单作业、承包服务等社会化服务，实现初加工装备高效利用。

三、保障措施

（十）加强组织领导

各级农业农村部门要将农产品初加工机械化纳入农业机械化和相关产业发展规划，列入重要议事日程，加强规划引导、政策扶持和工作指导；农机化、计财、市场、科教、乡村产业、种植、畜牧、渔业等有关方面要密切沟通，建立统筹协调、多方参与、分工协作的工作推进机制，组织调动系统力量，做好调查研究、顶层设计和政策谋划，协同推进农产品初加工机械化发展。加强与财政、科技、工业和信息化、自然资源、生态环境等相关部门的沟通协调，争取支持，形成工作合力，为农产品初加工机械化发展创造有利条件。

（十一）完善扶持政策

将农产品初加工机械化薄弱环节纳入农机装备补短板重要内容，争取科技、财政部门立项支持，加大重点研发计划和科研条件建设项目对农产品初加工技术装备研发投入。加大对农产品初加工装备推广应用的政策支持力度。推动落实农产品初加工企业所得税优惠政策和增值税抵扣政策、农业生产用电价格政策，以及设施农业用地管理等政策。加强金融信贷支持，支持大型成套装备租赁试点，鼓励各地探索对购买大型成套农产品初加工装备贷款进行贴息，引导金融机构优先提供贷款。

（十二）强化示范引导

充分利用各地现代农业产业园、农业现代化示范区等平台，以及结合农产品仓储冷链设施建设等项目，建立农产品初加工机械化基地，打造高水平示范应用场景。遴选推介一批符合生产实际需求的绿色高效、先进适用农产品初加工新技术、新装备、新模式和典型案例，提升示范推广效果。鼓励各地通过项目支持、政府购买服务等多种方式，调动农产品初加工装备制造企业、初加工新型经营主体、科研院所和高等学校、社会团体参与的积极性，建设试验基地，开展技术试验、装备研发改进、人才培训和推广服务。

（十三）优化公共服务

完善农产品初加工机械化水平评价指标体系和方法，做好发展统计、监测分析及结果发布。加大农产品初加工机械化标准宣贯力度。积极探索开展成套装备、一体化设施设备和物联化、智能化装备试验鉴定，加快新装备新技术转化推广应用。发挥行业协会、学会作用，加强农产品初加工机械化信息交流、教育培训、标准制定和技术指导。支持农机社会化服务组织向初加工经营服务延伸，引导创新服务新机制、新业态、新模式。推动专业服务队伍建设，培养一批农产品初加工机械操作、维修、管理等实用人才。加强农产品初加工装备使用安全教育培训，督促指导生产主体保障安全生产。

农业农村部

2023 年 3 月 1 日

12.4　国务院办公厅关于印发"十四五"现代物流发展规划的通知

国办发〔2022〕17 号

各省、自治区、直辖市人民政府，国务院各部委、各直属机构：

《"十四五"现代物流发展规划》已经国务院同意，现印发给你们，请认真贯彻执行。

国务院办公厅

2022 年 5 月 17 日

（本文有删减）

"十四五"现代物流发展规划

现代物流一头连着生产，一头连着消费，高度集成并融合运输、仓储、分拨、配送、信息等服务功能，是延伸产业链、提升价值链、打造供应链的重要支撑，在构建现代流通体系、促进形成强大国内市场、推动高质量发展、建设现代化经济体系中发挥着先导性、基础性、战略性作用。"十三五"以来，我国现代物流发展取得积极成效，服务质量效益明显提升，政策环境持续改善，对国民经济发展的支撑保障作用显著增强。为贯彻落实党中央、国务院关于构建现代物流体系的决策部署，根据《中华人民共和国国民经济和社发展第十四个五年规划和 2035 年远景目标纲要》，经国务院同意，制定本规划。

一、现状形势

（一）发展基础

物流规模效益持续提高。"十三五"期间，社会物流总额保持稳定增长，2020 年超过 300 万亿元，年均增速达 5.6%。公路、铁路、内河、民航、管道运营里程以及货运量、货物周转量、快递业务量均居世界前列，规模以上物流园区达到 2000 个左右。社会物流成本水平稳步下降，2020 年社会物流总费用与国内生产总值的比率降至 14.7%，较 2015 年下降 1.3 个百分点。

物流资源整合提质增速。国家物流枢纽、国家骨干冷链物流基地、示范物流园区等重大物流基础设施建设稳步推进。物流要素与服务资源整合步伐加快，市场集中度提升，中国物流企业 50 强 2020 年业务收入较 2015 年增长超过 30%。航运企业加快重组，船队规模位居世界前列。民航货运领域混合所有制改革深入推进，资源配置进一步优化。

物流结构调整加快推进。物流区域发展不平衡状况有所改善，中西部地区物流规模增速超过全国平均水平。运输结构加快调整，铁路货运量占比稳步提升，多式联运货运量年均增速超过 20%。仓储结构逐步优化，高端标准仓库、智能立体仓库快速发展。快递物流、冷链物流、农村物流、即时配送等发展步伐加快，有力支撑和引领消费结构升级。

科技赋能促进创新发展。移动互联网、大数据、云计算、物联网等新技术在物流领域广泛应用，网络货运、数字仓库、无接触配送等"互联网+"高效物流新模式新业态不断涌现。自动分拣系统、无人仓、无人码头、无人配送车、物流机器人、智能快件箱等技术装备加快应用，高铁快运动车组、大型货运无人机、无人驾驶卡车等起步发展，快递电子运单、铁路货运票据电子化得到普及。

国际物流网络不断延展。我国国际航运、航空物流基本通达全球主要贸易合作伙伴。截至 2020 年底，中欧班列通达欧洲 20 多个国家的 90 多个城市，累计开行超过 3 万列，在深化我国与共建"一带一路"国家经贸合作、应对新冠肺炎疫情和推进复工复产中发挥了国际物流大动脉作用。企业海外仓、落地配加快布局，境外物流网络服务能力稳步提升。

营商环境持续改善。推动现代物流发展的一系列规划和政策措施出台实施，特别是物流降本增效政策持续发力，"放管服"改革与减税降费等取得实效。物流市场监测、监管水平明显提升，政务服务质量和效率大幅改善。物流标准、统计、教育、培训等支撑保障体系进一步完善，物流诚信体系建设加快推进，行业治理能力稳步提升。

（二）突出问题

物流降本增效仍需深化。全国统一大市场尚不健全，物流资源要素配置不合理、利用不充分。多式联运体系不完善，跨运输方式、跨作业环节衔接转换效率较低，载运单元标准化程度不高，全链条运行效率低、成本高。

结构性失衡问题亟待破局。存量物流基础设施网络"东强西弱""城强乡弱""内强外弱",对新发展格局下产业布局、内需消费的支撑引领能力不够。物流服务供给对需求的适配性不强,低端服务供给过剩、中高端服务供给不足。货物运输结构还需优化,大宗货物公路中长距离运输比重仍然较高。

大而不强问题有待解决。物流产业规模大但规模经济效益释放不足,特别是公路货运市场同质化竞争、不正当竞争现象较为普遍,集约化程度有待提升。现代物流体系组织化、集约化、网络化、社会化程度不高,国家层面的骨干物流基础设施网络不健全,缺乏具有全球竞争力的现代物流企业,与世界物流强国相比仍存在差距。

部分领域短板较为突出。大宗商品储备设施以及农村物流、冷链物流、应急物流、航空物流等专业物流和民生保障领域物流存在短板。现代物流嵌入产业链深度广度不足,供应链服务保障能力不够,对畅通国民经济循环的支撑能力有待增强。行业协同治理水平仍需提升。

(三) 面临形势

统筹国内国际两个大局要求强化现代物流战略支撑引领能力。中华民族伟大复兴战略全局与世界百年未有之大变局历史性交汇,新冠肺炎疫情、俄乌冲突影响广泛深远,全球产业链供应链加速重构,要求现代物流对内主动适应社会主要矛盾变化,更好发挥连接生产消费、畅通国内大循环的支撑作用;对外妥善应对错综复杂国际环境带来的新挑战,为推动国际经贸合作、培育国际竞争新优势提供有力保障。

建设现代产业体系要求提高现代物流价值创造能力。发展壮大战略性新兴产业,促进服务业繁荣发展,要求现代物流适应现代产业体系对多元化专业化服务的需求,深度嵌入产业链供应链,促进实体经济降本增效,提升价值创造能力,推进产业基础高级化、产业链现代化。

实施扩大内需战略要求发挥现代物流畅通经济循环作用。坚持扩大内需战略基点,加快培育完整内需体系,要求加快构建适应城乡居民消费升级需要的现代物流体系,提升供给体系对内需的适配性,以高质量供给引领、创造和扩大新需求。

新一轮科技革命要求加快现代物流技术创新与业态升级。现代信息技术、新型智慧装备广泛应用,现代产业体系质量、效率、动力变革深入推进,既为物流创新发展注入新活力,也要求加快现代物流数字化、网络化、智慧化赋能,打造科技含量高、创新能力强的智慧物流新模式。

二、总体要求

(一) 指导思想

以习近平新时代中国特色社会主义思想为指导,坚持稳中求进工作总基调,完整、准确、全面贯彻新发展理念,加快构建新发展格局,全面深化改革开放,坚持创新驱动发展，推动高质量发展，坚持以供给侧结构性改革为主线，统筹疫情防控和经济社会发展，统筹发展和安全，提升产业链供应链韧性和安全水平，推动构建现代物流体系，推进现代物流提质、增效、降本，为建设现代产业体系、形成强大国内市场、推动高水平对外开放提供有力支撑。

（二）基本原则

市场主导、政府引导。充分发挥市场在资源配置中的决定性作用，激发市场主体创新发展活力，提高物流要素配置效率和效益。更好发挥政府作用，加强战略规划和政策引导，推动形成规范高效、公平竞争、统一开放的物流市场，强化社会民生物流保障。

系统观念、统筹推进。统筹谋划物流设施建设、服务体系构建、技术装备升级、业态模式创新，促进现代物流与区域、产业、消费、城乡协同布局，构建支撑国内国际双循环的物流服务体系，实现物流网络高效联通。

创新驱动、联动融合。以数字化、网络化、智慧化为牵引，深化现代物流与制造、贸易、信息等融合创新发展，推动形成需求牵引供给、供给创造需求的良性互动和更高水平动态平衡。

绿色低碳、安全韧性。将绿色环保理念贯穿现代物流发展全链条，提升物流可持续发展能力。坚持总体国家安全观，提高物流安全治理水平，完善应急物流体系，提高重大疫情等公共卫生事件、突发事件应对处置能力，促进产业链供应链稳定。

（三）主要目标

到 2025 年，基本建成供需适配、内外联通、安全高效、智慧绿色的现代物流体系。

物流创新发展能力和企业竞争力显著增强。物流数字化转型取得显著成效，智慧物流应用场景更加丰富。物流科技创新能力不断增强，产学研结合机制进一步完善，建设一批现代物流科创中心和国家工程研究中心。铁路、民航等领域体制改革取得显著成效，市场活力明显增强，形成一批具有较强国际竞争力的骨干物流企业和知名服务品牌。

物流服务质量效率明显提升。跨物流环节衔接转换、跨运输方式联运效率大幅提高，社会物流总费用与国内生产总值的比率较 2020 年下降 2 个百分点左右。多式联运、铁路（高铁）快运、内河水运、大宗商品储备设施、农村物流、冷链物流、应急物流、航空物流、国际寄递物流等重点领域补短板取得明显成效。通关便利化水平进一步提升，城乡物流服务均等化程度明显提高。

"通道+枢纽+网络"运行体系基本形成。衔接国家综合立体交通网主骨架，完成 120 个左右国家物流枢纽、100 个左右国家骨干冷链物流基地布局建设，基本形成以国家物流枢纽为核心的骨干物流基础设施网络。物流干支仓配一体化运行更加顺畅，串接不同运输方式的多元化国际物流通道逐步完善，畅联国内国际的物流服务网络更加健全。枢纽经济发展取得成效，建设 20 个左右国家物流枢纽经济示范区。

安全绿色发展水平大幅提高。提高重大疫情、自然灾害等紧急情况下物流对经济社会运行的保障能力。冷链物流全流程监测能力大幅增强，生鲜产品冷链流通率显著提升。货物运输结构进一步优化，铁路货运量占比较 2020 年提高 0.5 个百分点，集装箱铁水联运量年均增长 15% 以上，铁路、内河集装箱运输比重和集装箱铁水联运比重大幅上升。面向重点品类的逆向物流体系初步建立，资源集约利用水平明显提升。清洁货运车辆广泛应用，绿色包装应用取得明显成效，物流领域节能减排水平显著提高。

现代物流发展制度环境更加完善。物流标准规范体系进一步健全，标准化、集装化、单元化物流装载器具和包装基础模数广泛应用。社会物流统计体系、信用体系更加健全，营商环境持续优化，行业协同治理体系不断完善、治理能力显著提升。

展望 2035 年，现代物流体系更加完善，具有国际竞争力的一流物流企业成长壮大，通达全球的物流服务网络更加健全，对区域协调发展和实体经济高质量发展的支撑引领更加有力，为基本实现社会主义现代化提供坚实保障。

三、精准聚焦现代物流发展重点方向

（一）加快物流枢纽资源整合建设

深入推进国家物流枢纽建设，补齐内陆地区枢纽设施结构和功能短板，加强业务协同、政策协调、运行协作，加快推动枢纽互联成网。加强国家物流枢纽铁路专用线、联运转运设施建设，有效衔接多种运输方式，强化多式联运组织能力，实现枢纽间干线运输密切对接。依托国家物流枢纽整合区域物流设施资源，引导应急储备、分拨配送等功能设施集中集约布局，支持各类物流中心、配送设施、专业市场等与国家物流枢纽功能对接、联动发展，促进物流要素规模集聚和集成运作。

（二）构建国际国内物流大通道

依托国家综合立体交通网和主要城市群、沿海沿边口岸城市等，促进国家物流枢纽协同建设和高效联动，构建国内国际紧密衔接、物流要素高效集聚、运作服务规模化的"四横五纵、两沿十廊"物流大通道。"四横五纵"国内物流大通道建设，要畅通串接东中西部的沿黄、陆桥、长江、广昆等物流通道和连接南北方的京沪、京哈—京港澳（台）、二连浩特至北部湾、西部陆海新通道、进出藏等物流通道，提升相关城市群、陆上口岸城市物流综合服务能力和规模化运行效率。加快"两沿十廊"国际物流大通道建设，对接区域全面经济伙伴关系协定（RCEP）等，强化服务共建"一带一路"的多元化国际物流通道辐射能力。

（三）完善现代物流服务体系

围绕做优服务链条、做强服务功能、做好供应链协同，完善集约高效的现代物流服务体系，支撑现代产业体系升级，推动产业迈向全球价值链中高端。加快运输、仓储、配送、流通加工、包装、装卸等领域数字化改造、智慧化升级和服务创新，补齐农村物流、冷链物流、应急物流、航空物流等专业物流短板，增强专业物流服务能力，推动现代物流

向供应链上下游延伸。

（四）延伸物流服务价值链条

把握物流需求多元化趋势，加强现代物流科技赋能和创新驱动，推进现代物流服务领域拓展和业态模式创新。发挥现代物流串接生产消费作用，与先进制造、现代商贸、现代农业融合共创产业链增值新空间。提高物流网络对经济要素高效流动的支持能力，引导产业集群发展和经济合理布局，推动跨区域资源整合、产业链联动和价值协同创造，发展枢纽经济、通道经济新形态，培育区域经济新增长点。

（五）强化现代物流对社会民生的服务保障

围绕更好满足城乡居民生活需要，适应扩大内需、消费升级趋势，优化完善商贸、快递物流网络。完善城市特别是超大特大城市物流设施网络，健全分级配送体系，实现干线、支线物流和末端配送有机衔接、一体化运作，加强重点生活物资保障能力。补齐农村物流设施和服务短板，推动快递服务基本实现直投到建制村，支撑扩大优质消费品供给。加快建立覆盖冷链物流全链条的动态监测和追溯体系，保障食品药品消费安全。鼓励发展物流新业态新模式，创造更多就业岗位，保障就业人员权益，促进灵活就业健康发展。

（六）提升现代物流安全应急能力

统筹发展和安全，强化重大物流基础设施安全和信息安全保护，提升战略物资、应急物流、国际供应链等保障水平，增强经济社会发展韧性。健全大宗商品物流体系。加快构建全球供应链物流服务网络，保持产业链供应链稳定。充分发挥社会物流作用，推动建立以企业为主体的应急物流队伍。

四、加快培育现代物流转型升级新动能

（一）推动物流提质增效降本

促进全链条降成本。推动解决跨运输方式、跨作业环节瓶颈问题，打破物流"中梗阻"。依托国家物流枢纽、国家骨干冷链物流基地等重大物流基础设施，提高干线运输规模化水平和支线运输网络化覆盖面，完善末端配送网点布局，扩大低成本、高效率干支仓配一体化物流服务供给。鼓励物流资源共享，整合分散的运输、仓储、配送能力，发展共建船队车队、共享仓储、共同配送、统仓统配等组织模式，提高资源利用效率。推动干支仓配一体化深度融入生产和流通，带动生产布局和流通体系调整优化，减少迂回、空驶等低效无效运输，加快库存周转，减少社会物流保管和管理费用。

推进结构性降成本。加快推进铁路专用线进港区、连园区、接厂区，合理有序推进大宗商品等中长距离运输"公转铁""公转水"。完善集装箱公铁联运衔接设施，鼓励发展集拼集运、模块化运输、"散改集"等组织模式，发挥铁路干线运输成本低和公路网络灵活优势，培育有竞争力的"门到门"公铁联运服务模式，降低公铁联运全程物流成本。统筹沿海港口综合利用，提升大型港口基础设施服务能力，提高码头现代化专业化规模化水

平，加快推进铁水联运衔接场站改造，提高港口铁路专用线集疏网络效能，优化作业流程。完善内河水运网络，统筹江海直达、江海联运发展，发挥近海航线、长江水道、珠江水道等水运效能，稳步推进货物运输"公转水"。推进铁水联运业务单证电子化，促进铁路、港口信息互联，实现铁路现车、装卸车、货物在途、到达预确报以及港口装卸、货物堆存、船舶进出港、船期舱位预定等铁水联运信息交换共享。支持港口、铁路场站加快完善集疏运油气管网，有效对接石化等产业布局，提高管道运输比例。

（二）促进物流业与制造业深度融合

促进企业协同发展。支持物流企业与制造企业创新供应链协同运营模式，将物流服务深度嵌入制造供应链体系，提供供应链一体化物流解决方案，增强制造企业柔性制造、敏捷制造能力。引导制造企业与物流企业建立互利共赢的长期战略合作关系，共同投资专用物流设施建设和物流器具研发，提高中长期物流合同比例，制定制造业物流服务标准，提升供应链协同效率。鼓励具备条件的制造企业整合对接分散的物流服务能力和资源，实现规模化组织、专业化服务、社会化协同。

推动设施联动发展。加强工业园区、产业集群与国家物流枢纽、物流园区、物流中心等设施布局衔接、联动发展。支持工业园区等新建或改造物流基础设施，吸引第三方物流企业进驻并提供专业化、社会化物流服务。发展生产服务型国家物流枢纽，完善第三方仓储、铁路专用线等物流设施，面向周边制造企业提供集成化供应链物流服务，促进物流供需规模化对接，减少物流设施重复建设和闲置。

支持生态融合发展。统筹推进工业互联网和智慧物流体系同步设计、一体建设、协同运作，加大智能技术装备在制造业物流领域应用，推进关键物流环节和流程智慧化升级。打造制造业物流服务平台，促进制造业供应链上下游企业加强采购、生产、流通等环节信息实时采集、互联共享，实现物流资源共享和过程协同，提高生产制造和物流服务一体化运行水平，形成技术驱动、平台赋能的物流业制造业融合发展新生态。

（三）强化物流数字化科技赋能

加快物流数字化转型。利用现代信息技术推动物流要素在线化数据化，开发多样化应用场景，实现物流资源线上线下联动。结合实施"东数西算"工程，引导企业信息系统向云端跃迁，推动"一站式"物流数据中台应用，鼓励平台企业和数字化服务商开发面向中小微企业的云平台、云服务，加强物流大数据采集、分析和应用，提升物流数据价值。培育物流数据要素市场，统筹数据交互和安全需要，完善市场交易规则，促进物流数据安全高效流通。积极参与全球物流领域数字治理，支撑全球贸易和跨境电商发展。研究电子签名和电子合同应用，促进国际物流企业间互认互验，试点铁路国际联运无纸化。

推进物流智慧化改造。深度应用第五代移动通信（5G）、北斗、移动互联网、大数据、人工智能等技术，分类推动物流基础设施改造升级，加快物联网相关设施建设，发展智慧物流枢纽、智慧物流园区、智慧仓储物流基地、智慧港口、数字仓库等新型物流基础设施。鼓励智慧物流技术与模式创新，促进创新成果转化，拓展智慧物流商业化应用场景，促进自动化、无人化、智慧化物流技术装备以及自动感知、自动控制、智慧决策等智慧管理技术应用。加快高端标准仓库、智慧立体仓储设施建设，研发推广面向中小微企业的低成本、模块化、易使用、易维护智慧装备。

促进物流网络化升级。依托重大物流基础设施打造物流信息组织中枢，推动物流设施设备全面联网，实现作业流程透明化、智慧设备全连接，促进物流信息交互联通。推动大型物流企业面向中小微企业提供多样化、数字化服务，稳步发展网络货运、共享物流、无人配送、智慧航运等新业态。鼓励在有条件的城市搭建智慧物流"大脑"，全面链接并促进城市物流资源共享，优化城市物流运行，建设智慧物流网络。推动物流领域基础公共信息数据有序开放，加强物流公共信息服务平台建设，推动企业数据对接，面向物流企业特别是中小微物流企业提供普惠性服务。

（四）推动绿色物流发展

深入推进物流领域节能减排。加强货运车辆适用的充电桩、加氢站及内河船舶适用的岸电设施、液化天然气（LNG）加注站等配套布局建设，加快新能源、符合国六排放标准等货运车辆在现代物流特别是城市配送领域应用，促进新能源叉车在仓储领域应用。继续加大柴油货车污染治理力度，持续推进运输结构调整，提高铁路、水路运输比重。推动物流企业强化绿色节能和低碳管理，推广合同能源管理模式，积极开展节能诊断。加强绿色物流新技术和设备研发应用，推广使用循环包装，减少过度包装和二次包装，促进包装减量化、再利用。加快标准化物流周转箱推广应用，推动托盘循环共用系统建设。

加快健全逆向物流服务体系。探索符合我国国情的逆向物流发展模式，鼓励相关装备设施建设和技术应用，推进标准制定、检测认证等基础工作，培育专业化逆向物流服务企业。支持国家物流枢纽率先开展逆向物流体系建设，针对产品包装、物流器具、汽车以及电商退换货等，建立线上线下融合的逆向物流服务平台和网络，创新服务模式和场景，促进产品回收和资源循环利用。

（五）做好供应链战略设计

提升现代供应链运行效率。推进重点产业供应链体系建设，发挥供应链核心企业组织协同管理优势，搭建供应链协同服务平台，提供集贸易、物流、信息等多样化服务于一体的供应链创新解决方案，打造上下游有效串接、分工协作的联动网络。加强数字化供应链前沿技术、基础软件、先进模式等研究与推广，探索扩大区块链技术应用，提高供应链数字化效率和安全可信水平。规范发展供应链金融，鼓励银行等金融机构在依法合规、风险可控的前提下，加强与供应链核心企业或平台企业合作，丰富创新供应链金融产品供给。

强化现代供应链安全韧性。坚持自主可控、安全高效，加强供应链安全风险监测、预警、防控、应对等能力建设。发挥供应链协同服务平台作用，引导行业、企业间加强供应链安全信息共享和资源协同联动，分散化解潜在风险，增强供应链弹性，确保产业链安全。积极参与供应链安全国际合作，共同防范应对供应链中断风险。

（六）培育发展物流经济

壮大物流枢纽经济。发挥国家物流枢纽、国家骨干冷链物流基地辐射广、成本低、效率高等优势条件，推动现代物流和相关产业深度融合创新发展，促进区域产业空间布局优化，打造具有区域集聚辐射能力的产业集群，稳妥有序开展国家物流枢纽经济示范区建设。

发展物流通道经济。围绕共建"一带一路"、长江经济带发展等重大战略实施和西部陆海新通道建设，提升"四横五纵、两沿十廊"物流大通道沿线物流基础设施支撑和服务能力，密切通道经济联系，优化通道沿线产业布局与分工合作体系，提高产业组织和要素配置能力。

五、深度挖掘现代物流重点领域潜力

（一）加快国际物流网络化发展

推进国际通道网络建设。强化国家物流枢纽等的国际物流服务设施建设，完善通关等功能，加强国际、国内物流通道衔接，推动国际物流基础设施互联互通。推动商贸物流型境外经贸合作区建设，优化海外布局，扩大辐射范围。巩固提升中欧班列等国际铁路运输组织水平，推动跨境公路运输发展，加快构建高效畅通的多元化国际物流干线通道。积极推进海外仓建设，加快健全标准体系。鼓励大型物流企业开展境外港口、海外仓、分销网络建设合作和协同共享，完善全球物流服务网络。

补齐国际航空物流短板。依托空港型国家物流枢纽，集聚整合国际航空物流货源，完善配套服务体系，打造一体化运作的航空物流服务平台，提供高品质"一站式"国际航空物流服务。加快培育规模化、专业化、网络化的国际航空物流骨干企业，优化国际航空客运航线客机腹舱运力配置，增强全货机定班国际航线和包机组织能力，逐步形成优质高效的国际航空物流服务体系，扩大国际航空物流网络覆盖范围，建设覆盖重点产业布局的国际货运通道。

培育国际航运竞争优势。加密国际海运航线，打造国际航运枢纽港，提升国际航运服务能力，强化国际中转功能，拓展国际金融、国际贸易等综合服务。加快推进长三角世界级港口群一体化治理体系建设。加强港口与内陆物流枢纽等联动，发展海铁联运、江海联运，扩大港口腹地辐射范围。鼓励港航企业与货主企业、贸易企业加强战略合作，延伸境外末端服务网络。

提高国际物流综合服务能力。优化完善中欧班列开行方案统筹协调和动态调整机制，加快建设中欧班列集结中心，完善海外货物集散网络，推动中欧班列双向均衡运输，提高货源集结与班列运行效率。加快国际航运、航空与中欧班列、西部陆海新通道国际海铁联运班列等协同联动，提升国际旅客列车行包运输能力，开行客车化跨境班列，构建多样化国际物流服务体系。提高重点边境铁路口岸换装和通行能力，推动边境水运口岸综合开发和国际航道物流合作，提升边境公路口岸物流能力。推进跨境物流单证规则、检验检疫、认证认可、通关报关等标准衔接和国际互认合作。

（二）补齐农村物流发展短板

完善农村物流节点网络。围绕巩固拓展脱贫攻坚成果与乡村振兴有效衔接，重点补齐中西部地区、经济欠发达地区和偏远山区等农村物流基础设施短板，切实改善农村流通基础条件。统筹城乡物流发展，推动完善以县级物流节点为核心、乡镇服务网点为骨架、村级末端站点为延伸的县乡村三级物流服务设施体系。推动交通运输与邮政快递融合发展，加快农村物流服务品牌宣传推广，促进交通、邮政、快递、商贸、供销、电商等农村物流资源融合和集约利用，打造一批公用型物流基础设施，建设村级寄递物流综合服务站，完善站点服务功能。推进公益性农产品市场和农产品流通骨干网络建设。

提升农村物流服务效能。围绕农村产业发展和居民消费升级，推进物流与农村一二三产业深度融合，深化电商、快递进村工作，发展共同配送，打造经营规范、集约高效的农村物流服务网络，加快工业品下乡、农产品出村双向物流服务通道升级扩容、提质增效。推动物流服务与规模化种养殖、商贸渠道拓展等互促提升，推动农产品品牌打造和标准化流通，创新物流支持农村特色产业品质化、品牌化发展模式，提升农业产业化水平。

（三）促进商贸物流提档升级

完善城乡商贸物流设施。优化以综合物流园区、专业配送中心、末端配送网点为支撑的商贸物流设施网络。完善综合物流园区干线接卸、前置仓储、流通加工等功能。结合老旧小区、老旧厂区、老旧街区和城中村改造以及新城新区建设，新建和改造升级一批集运输、仓储、加工、包装、分拨等功能于一体的公共配送中心，支持大型商超、批发市场、沿街商铺、社区商店等完善临时停靠装卸等配套物流设施，推进智能提货柜、智能快件箱、智能信包箱等设施建设。

提升商贸物流质量效率。鼓励物流企业与商贸企业深化合作，优化业务流程，发展共同配送、集中配送、分时配送、夜间配送等集约化配送模式，优化完善前置仓配送、即时配送、网订店取、自助提货等末端配送模式。深化电商与快递物流融合发展，提升线上线下一体服务能力。

（四）提升冷链物流服务水平

完善冷链物流设施网络。发挥国家物流枢纽、国家骨干冷链物流基地的资源集聚优势，引导商贸流通、农产品加工等企业向枢纽、基地集聚或强化协同衔接。加强产销冷链集配中心建设，提高产地农产品产后集散和商品化处理效率，完善销地城市冷链物流系统。改善机场、港口、铁路场站冷链物流配套条件，健全冷链集疏运网络。加快实施产地保鲜设施建设工程，推进田头小型冷藏保鲜设施等建设，加强产地预冷、仓储保鲜、移动冷库等产地冷链物流设施建设，引导商贸流通企业改善末端冷链设施装备条件，提高城乡冷链设施网络覆盖水平。

提高冷链物流质量效率。大力发展铁路冷链运输和集装箱公铁水联运，对接主要农产品产区和集散地，创新冷链物流干支衔接模式。发展"生鲜电商+产地直发"等冷链物流新业态新模式。推广蓄冷箱、保温箱等单元化冷链载器具和标准化冷藏车，促进冷链物流信息互联互通，提高冷链物流规模化、标准化水平。依托国家骨干冷链物流基地、产销冷链集配中心等大型冷链物流设施，加强生鲜农产品检验检疫、农兽药残留及防腐剂、保鲜剂、添加剂合规使用等质量监管。研究推广应用冷链道路运输电子运单，加强产品溯源和全程温湿度监控，将源头至终端的冷链物流全链条纳入监管范围，提升冷链物流质量保障水平。健全进口冷链食品检验检疫制度，筑牢疫情外防输入防线。

（五）推进铁路（高铁）快运稳步发展

完善铁路（高铁）快运网络。结合电商、邮政快递等货物的主要流向、流量，完善铁路（高铁）快运线路和网络。加快推进铁路场站快运服务设施布局和改造升级，强化快速接卸货、集散、分拣、存储、包装、转运和配送等物流功能，建设专业化铁路（高铁）快运物流基地。鼓励电商、邮政快递等企业参与铁路（高铁）快运设施建设和改造，就近或一体布局建设电商快递分拨中心，完善与铁路（高铁）快运高效衔接的快递物流服务网络。

创新高铁快运服务。适应多样化物流需求，发展多种形式的高铁快运。在具备条件的高铁场站间发展"点对点"高铁快运班列服务。依托现有铁路物流平台，构建业务受理、跟踪查询、结算办理等"一站式"高铁快运服务平台，推动高铁快运与电商、快递物流企业信息对接。

（六）提高专业物流质量效率

完善大宗商品物流体系。优化粮食、能源、矿产等大宗商品物流服务，提升沿海、内河水运通道大宗商品物流能力，扩大铁路货运班列、"点对点"货运列车、大宗货物直达列车开行范围，发展铁路散粮运输、棉花集装箱运输、能源和矿产重载运输。有序推进油气干线管道建设，持续完善支线管道，打通管网瓶颈和堵点，提高干支管网互联互通水平。依托具备条件的国家物流枢纽发展现代化大宗商品物流中心，增强储备、中转、通关等功能，推进大宗商品物流数字化转型，探索发展电子仓单、提单，构建衔接生产流通、串联物流贸易的大宗商品供应链服务平台。

安全有序发展特种物流。提升现代物流对大型装备制造、大型工程项目建设的配套服务能力，加强大件物流跨区域通道线路设计，推动形成多种运输方式协调发展的大件物流综合网络。发展危化品罐箱多式联运，提高安全服务水平，推动危化品物流向专业化定制、高品质服务和全程供应链服务转型升级。推动危化品物流全程监测、线上监管、实时查询，提高异常预警和应急响应处置能力。完善医药物流社会化服务体系，培育壮大第三方医药物流企业。鼓励覆盖生产、流通、消费的医药供应链平台建设，健全全流程监测追溯体系，确保医药产品物流安全。

（七）提升应急物流发展水平

完善应急物流设施布局。整合优化存量应急物资储备、转运设施，推动既有物流设施嵌入应急功能，在重大物流基础设施规划布局、设计建造阶段充分考虑平急两用需要，完善应急物流设施网络。统筹加强抗震、森林草原防灭火、防汛抗旱救灾、医疗救治等各类应急物资储备设施和应急物流设施在布局、功能、运行等方面相互匹配、有机衔接，提高紧急调运能力。

提升应急物流组织水平。统筹应急物流力量建设与管理，建立专业化应急物流企业库和人员队伍，健全平急转换和经济补偿机制。充分利用市场资源，完善应急物流干线运输和区域配送体系，提升跨区域大规模物资调运组织水平，形成应对各类突发事件的应急物流保障能力。

健全物流保通保畅机制。充分发挥区域统筹协调机制作用，鼓励地方建立跨区域、跨部门的应对疫情物流保通保畅工作机制，完善决策报批流程和信息发布机制，不得擅自阻断或关闭高速公路、普通公路、航道船闸等通道，不得擅自关停高速公路服务区、港口码头、铁路车站和航空机场，严禁采取全城 24 小时禁止货车通行的限制措施，不得层层加码实施"一刀切"管控措施；加快完善物流通道和物流枢纽、冷链基地、物流园区、边境口岸等环节的检验检疫、疫情阻断管理机制和分类分级应对操作规范，在发生重大公共卫生事件时有效阻断疫情扩散、确保物流通道畅通，保障防疫物资、生活物资以及工业原材料、农业生产资料等供应，维护正常生产生活秩序和产业链供应链安全。

六、强化现代物流发展支撑体系

（一）培育充满活力的物流市场主体

提升物流企业市场竞争力。鼓励物流企业通过兼并重组、联盟合作等方式进行资源优化整合，培育一批具有国际竞争力的现代物流企业，提升一体化供应链综合服务能力。引导中小微物流企业发掘细分市场需求，做精做专、创新服务，增强专业化市场竞争力，提高规范化运作水平。完善物流服务质量评价机制，支持企业塑造物流服务品牌。深化物流领域国有企业改革，盘活国有企业存量物流资产，支持国有资本参与物流大通道建设。鼓励民营物流企业做精做大做强，加快中小微企业资源整合，培育核心竞争力。

规范物流市场运行秩序。统筹推进物流领域市场监管、质量监管、安全监管和金融监管，实现事前事中事后全链条全领域监管，不断提高监管效能。加大物流领域反垄断和反不正当竞争执法力度，深入推进公平竞争政策实施。有序放宽市场准入，完善市场退出机制，有效引导过剩物流能力退出，扩大优质物流服务供给。引导公路运输企业集约化、规模化经营，提升公路货物运输组织效率。

（二）强化基础标准和制度支撑

健全物流统计监测体系。研究建立物流统计分类标准，加强社会物流统计和重点物流企业统计监测，开展企业物流成本统计调查试点。研究制定反映现代物流重点领域、关键环节高质量发展的监测指标体系，科学系统反映现代物流发展质量效率，为政府宏观调控和企业经营决策提供参考依据。

健全现代物流标准体系。强化物流领域国家标准和行业标准规范指导作用，鼓励高起点制定团体标准和企业标准，推动国际国内物流标准接轨，加大已发布物流标准宣传贯彻力度。推动基础通用和产业共性的物流技术标准优化升级，以标准提升促进物流科技成果转化。建立政府推动、行业协会和企业等共同参与的物流标准实施推广机制。建立物流标准实施评价体系，培育物流领域企业标准"领跑者"，发挥示范带动作用。

加强现代物流信用体系建设。加强物流企业信用信息归集共享，通过"信用中国"网站和国家企业信用信息公示系统依法向社会公开。建立健全跨部门、跨区域信用信息共享机制，建立以信用为基础的企业分类监管制度，完善物流行业经营主体和从业人员守信联合激励和失信联合惩戒机制。依法依规建立物流企业诚信记录和严重失信主体名单制度，提高违法失信成本。

加强物流安全体系建设。完善物流安全管理制度，加强对物流企业的监督管理和日常安全抽查，推动企业严格落实安全生产主体责任。提高物流企业承运物品、客户身份等信息登记规范化水平，加强运输物品信息共享和安全查验部门联动，实现物流活动全程跟踪，确保货物来源可追溯、责任能倒查。提高运输车辆安全性能和从业人员安全素质，规范车辆运输装载，提升运输安全水平。落实网络安全等级保护制度，提升物流相关信息系统的安全防护能力。

（三）打造创新实用的科技与人才体系

强化物流科技创新支撑。依托国家企业技术中心、高等院校、科研院所等开展物流重大基础研究和示范应用，推动设立一批物流技术创新平台。建立以企业为主体的协同创新机制，鼓励企业与高等院校、科研院所联合设立产学研结合的物流科创中心，开展创新技术集中攻关、先进模式示范推广，建立成果转化工作机制。鼓励物流领域研究开发、创业孵化、技术转移、检验检测认证、科技咨询等创新服务机构发展，提升专业化服务能力。

建设物流专业人才队伍。发挥物流企业用人主体作用，加强人才梯队建设，完善人才培养、使用、评价和激励机制。加强高等院校物流学科专业建设，提高专业设置的针对性，培育复合型高端物流人才。加快物流现代职业教育体系建设，支持职业院校（含技工院校）开设物流相关专业。加强校企合作，创新产教融合人才培养模式，培育一批有影响力的产教融合型企业，支持企业按规定提取和使用职工教育经费，开展大规模多层次职业技能培训，促进现代物流专业技术人员能力提升。指导推动物流领域用人单位和社会培训评价组织开展职业技能等级认定，积极开展物流领域相关职业技能竞赛。实现学历教育与培训并举衔接，进一步推动物流领域1+X证书制度和学分银行建设。对接国际专业认证体系，提高国际化物流人才培养水平，加大海外高端人才引进力度。实施新一轮专业技术人才知识更新工程和职业技能提升行动，推进物流领域工程技术人才职称评审，逐步壮大高水平工程师和高技能人才队伍。

七、实施保障

（一）优化营商环境

深化"放管服"改革，按规定放宽物流领域相关市场准入，消除各类地方保护和隐性壁垒。依托全国一体化政务服务平台，推动物流领域资质证照电子化，支持地方开展"一照多址"改革，促进物流企业网络化布局，实现企业注册、审批、变更、注销等"一网通办"，允许物流领域（不含快递）企业分支机构证照异地备案和异地审验。推动物流领域（不含快递）资质许可向资质备案和告知承诺转变。完善物流发展相关立法，推动健全物流业法律法规体系和法治监督体系。开展现代物流促进法等综合性法律立法研究和准备工作。严格依法行政依法监管，统一物流监管执法标准和处罚清单。推动跨部门、跨区域、跨层级政务信息开放共享，避免多头管理和重复监管。大力推动货车非法改装治理，研究制定非标准货运车辆治理工作方案。依托国际贸易"单一窗口"创新"通关+物流"服务，提高口岸智慧管理和服务水平。推动部门间物流安检互认、数据互通共享，减少不必要的重复安检。支持航空公司壮大货运机队规模，进一步简化货机引进程序和管理办法，优化工作流程，鼓励航空物流企业"走出去"。

（二）创新体制机制

完善全国现代物流工作部际联席会议制度，强化跨部门、跨区域政策协同，着力推动降低物流成本等重点工作。深化铁路货运市场化改革，推进投融资、运输组织、科技创新等体制机制改革，吸引社会资本进入，推动铁路货运市场主体多元化和服务创新发展，促进运输市场公平有序竞争。鼓励铁路企业与港口、社会物流企业等交叉持股，拓展战略合作联盟。

（三）强化政策支持

保障重大项目用地用海。依据国土空间规划，落实《国土空间调查、规划、用途管制用地用海分类指南（试行）》要求，完善物流设施专项规划，重点保障国家物流枢纽等重大物流基础设施和港航设施等的合理用地用海需求，确保物流用地规模、土地性质和空间位置长期稳定。创新物流用地模式，推动物流枢纽用地统一规划和科学布局，提升土地空间集约节约利用水平，支持物流仓储用地以长期租赁或先租后让、租让结合的方式供应。鼓励地方政府盘活存量土地和闲置土地资源用于物流设施建设。支持物流企业利用自有土地进行物流基础设施升级改造。支持依法合规利用铁路划拨用地、集体建设用地建设物流基础设施。

巩固减税降费成果。落实深化税收征管制度改革有关部署，推进现代物流领域发票电子化。按规定落实物流企业大宗商品仓储设施用地城镇土地使用税减半征收、购置挂车车辆购置税减半征收等税收优惠政策。严格落实已出台的物流简政降费政策，严格执行收费目录清单和公示制度，严禁违规收费，坚决治理乱收费、乱罚款、乱摊派，依法治理"只收费、不服务"的行为。清理规范铁路、港口、机场等收费，对主要海运口岸、机场地面服务收费开展专项调查，增强铁路货运收费透明度。对货运车辆定位信息及相关服务商开展典型成本调查，及时调整过高收费标准。

加大金融支持力度。鼓励符合条件的社会资本按市场化方式发起成立物流产业相关投资基金。发挥各类金融机构作用，按照市场化、法治化原则，加大对骨干物流企业和中小物流企业的信贷支持力度，拓宽企业兼并重组融资渠道，引导资金流向创新型物流企业。在仓储物流行业稳妥推进基础设施领域不动产投资信托基金（REITs）试点。鼓励保险公司开发农产品仓储保鲜冷链物流保险，提升鲜活农产品经营和质量安全风险保障水平。

（四）深化国际合作

推动建立国际物流通道沿线国家协作机制，加强便利化运输、智慧海关、智能边境、智享联通等方面合作。持续推动中欧班列"关铁通"项目在有合作意愿国家落地实施。逐步建立适应国际铁路联运特点的陆路贸易规则体系，推动完善配套法律法规，加强与国内外银行、保险等金融机构合作，探索使用铁路运输单证开展贸易融资。

（五）加强组织实施

国家发展改革委要会同国务院有关部门加强行业综合协调和宏观调控，协调解决本规划实施中存在的问题，确保规划落地见效。建立现代物流发展专家咨询委员会，加强对重大问题的调查研究和政策咨询，指导规划任务科学推进。推动行业协会深度参与行业治理，发挥社会监督职能，加强行业自律和规范发展，助力规划落地实施。

12.5 关于印发进一步提高产品、工程和服务质量行动方案（2022—2025年）的通知

国市监质发〔2022〕95号

各省、自治区、直辖市人民政府，国务院各部委、各直属机构：

为贯彻落实党中央、国务院关于加快建设质量强国的决策部署，深入实施质量提升行动，进一步提高产品、工程和服务质量，经国务院同意，制定本方案。

一、总体要求

以习近平新时代中国特色社会主义思想为指导，全面贯彻党的二十大精神，立足新发展阶段，完整、准确、全面贯彻新发展理念，构建新发展格局，推动高质量发展，树立质量第一的强烈意识，围绕提高供给体系质量，直面市场需求和群众关切，聚焦突出问题、明显短板和发展关键，坚持一个一个行业抓、一类一类产品抓，着力打通一批产业链供应

链质量堵点，攻克一批关键核心技术质量难点，化解一批民生消费领域质量痛点，更好支撑现代产业体系优化升级，更大力度保障优质产品、工程和服务有效供给，不断增强人民群众获得感、幸福感、安全感。

到 2025 年，质量供给与需求更加适配，农产品食品合格率进一步提高，消费品优质供给能力明显增强，工业品质量稳步向中高端迈进，建筑品质和使用功能不断提高；生产性服务加快向专业化和价值链高端延伸，生活性服务可及性、便利性和公共服务质量满意度全面提升。

二、推动民生消费质量升级

（一）扩大安全优质农产品食品供给

强化农业投入品质量安全风险评估，推广应用缓释肥、有机肥和高效低风险农药。完善农业全产业链标准体系，强化米面油等大宗粮油产品和蔬菜、果品、木本油料质量保障。着力提高乳制品质量安全水平，增强国产婴幼儿配方乳粉竞争力。加强冷链食品监管，严格排查管控涉疫食品，防止脱冷变质的冷藏冷冻食品流入市场。加快推进食品安全追溯体系建设，严控农药兽药残留、重金属、食品污染物等安全风险。完善食品质量标准体系。推进绿色、有机、地理标志和达标合格农产品（农产品"三品一标"）发展以及优质农产品基地建设，开展地理标志助力乡村振兴行动，推进地方特色产品标准化、品牌化，继续实施地理标志农产品保护工程。（农业农村部、国家粮食和物资储备局、国家林草局、国家卫生健康委、市场监管总局、海关总署、工业和信息化部、供销合作总社、国家知识产权局等部门及地方各级人民政府负责落实。以下均需地方各级人民政府落实，不再列出）

（二）增强儿童老年人残疾人用品适用性

围绕特殊人群消费品发展需求，加大人体工效基础研究、技术研发和标准制定力度。深入推进儿童和学生用品安全守护行动，提高校服、玩具、文具和婴童用居家防护、运动防护、助行骑乘等产品质量安全水平。建立老年用品产业标准体系，推动适老化产品发展和智能应用及终端产品适老化改造。提高轮椅、助行机器人等康复辅助器具智能化程度，丰富助视、助听和辅助阅读类产品供给。（工业和信息化部、市场监管总局、国家卫生健康委、民政部、国家药监局等按职责分工负责）

（三）促进日用消费品升级迭代和文体用品创新发展

加强数字化试衣、智能服装等新技术新产品研发，大力推动服装、鞋类产品、羽绒制品等领域产品质量分级。提高清洁类家电产品的消毒除菌、清洁净化性能，提升厨房电器一体化、智能化和能效水平，发展便携式小家电。严格家居装饰装修产品有毒有害物质限量要求，提升厨卫五金、人造板等零部件及材料质量。提高口罩、消毒液等防疫用品和应急物资质量水平。推进商品包装和流通环节包装减量化、标准化、循环化。加大健身器材和运动用品优质供给，提升音乐、舞蹈、美术用品质量水平。提高首饰、艺术陶瓷等工艺美术产品和丝绸刺绣、文房四宝等传统文化产品创作设计水平。（工业和信息化部、市场监管总局、国家林草局、国家卫生健康委、国家药监局、体育总局、文化和旅游部等按职责分工负责）

（四）推动建筑工程品质提升

进一步完善建筑性能标准，合理确定节能、无障碍、适老化等建筑性能指标。探索建立建筑工程质量评价制度，鼓励通过政府购买服务等方式，对地区工程质量状况进行评估。加快推进工程质量管理标准化建设，推动落实工程质量安全手册制度。强化住宅工程质量管理，探索推进住宅工程质量信息公示。开展预拌混凝土质量专项抽查和工程质量检测专项治理行动，依法严厉查处质量不合格和检测数据造假等违法违规行为。加强绿色建材推广应用，开展绿色建材下乡活动。（住房和城乡建设部、工业和信息化部、财政部等按职责分工负责）

三、增强产业基础质量竞争力

（五）提高基础件通用件质量性能

加强基础共性技术研究，提升轴承、齿轮、紧固件、液气密件、液压件、泵阀、模具、传感器等核心基础零部件（元器件）可靠性、稳定性，延长使用寿命。加快设计、制造工艺软件国产化应用，推进电子设计自动化参考架构标准化，研发高端芯片关键装备和仪器。加强高端仪器仪表计量测试技术研究和应用，提高设备精度、稳定性和标校技术水平。（科技部、工业和信息化部、国家国防科工局、市场监管总局等按职责分工负责）

（六）强化材料质量保障能力

提高通用钢材、航空铝材、基础化工原料、水泥、平板玻璃等质量稳定性、可靠性和耐久性。加快冶金、化工、纺织、建材、林产工业等行业标准制修订工作。加强在一定条件下具有易燃危险性的工业原材料出厂质量安全控制和抽检。实施新材料标准领航行动和计量测试能力提升工程，提升稀土、石墨烯、特种合金、精细陶瓷、液态金属等质量性能，加快先进半导体材料和碳纤维及其复合材料的标准研制，加强新材料制备关键技术攻关和设备研发。（工业和信息化部、国家国防科工局、国家林草局、国家发展改革委、中科院、市场监管总局、科技部等按职责分工负责）

（七）提升装备产品质量可靠性

提升电子装备、数控机床和工业机器人的安全性和可靠性水平，加快数控系统、关键功能部件、整机、系统集成方案升级和推广应用。加快标准升级迭代，主粮作物收获机械、拖拉机平均故障间隔时间指标分别提高到 80、250 小时以上。突破工程机械稳定性设计、控制和传动系统关键零部件制造工艺技术，推动挖掘机、装载机、推土机和非公路自卸车等平均失效间隔时间比现行国家标准提高 60% 以上。提升电动交通工具和电池驱动非道路移动机械等的安全可靠性。完善起重机械安全技术规范，推动桥式、门式起重机设置不同形式高度限位装置。加强重大工程设备监理。（工业和信息化部、国家国防科工局、农业农村部、市场监管总局等按职责分工负责）

四、引导新技术新产品新业态优质发展

（八）提升新一代信息技术产品质量

提高移动通信终端、可穿戴设备、超高清视频终端等数字产品智能化水平和消费体验。建立实施数据安全管理认证制度，提升企业数据安全和个人信息保护能力。提高 5G 网络、数据中心、物联网等新型基础设施建设质量要求，强化 IPv6 在物联网产品和系统的部署应用。构建云基准测评体系和云服务能力评估体系，提升云计算产品质量和服务能力。（中央网信办、工业和信息化部、市场监管总局等按职责分工负责）

（九）推动新技术与产业深度融合

推动利用人工智能、大数据、区块链、云计算、5G 等技术对传统产业进行全链条改造，鼓励企业发展个性化定制、网络化协同、共享化生产等新模式。实施新产业标准化领航工程，围绕新材料、生物技术、医疗器械、数字技术等前沿领域开展标准研究和验证。加强系统融合、时间同步、仿真计量测试技术研究，提升智能网联汽车的环境感知、决策和安全性能。（国家发展改革委、工业和信息化部、中央网信办、市场监管总局等按职责分工负责）

（十）促进平台企业提供优质产品和服务

支持企业构建形式多样的线上消费场景，探索人机互动新模式，提升网络消费体验。督促平台企业强化平台销售和直播带货产品的质量管控和追溯，依法承担商品和服务质量保证、食品安全保障等责任，切实维护用户个人信息权益及隐私权。深入推进农产品出村进城和"数商兴农"。推动出行服务领域平台企业持续改善用户体验。深入开展国家电子商务示范基地和示范企业创建。（商务部、中央网信办、市场监管总局、工业和信息化部、交通运输部等按职责分工负责）

五、促进服务品质大幅提升

（十一）引导居民生活服务高品质发展

结合城市更新行动，推进完整社区、活力街区建设。加强家政服务规范化、职业化建设，完善母婴护理、家政培训标准，推动发展员工制家政企业，大力推进家政进社区，实施"家政兴农"行动。提升物业服务质量，健全物业服务标准体系，推广电梯"全包维保""物联网+维保"。规范家居服务市场，提升家装服务标准化水平。持续推进快递绿色包装标准体系建设。提升快递"最后一公里"投递服务能力。提振餐饮消费，坚决制止餐饮浪费，鼓励餐饮企业丰富提升菜品、提高服务水平、创新经营模式。发展多样化、优质化旅游产品和服务，大力整治"不合理低价游"，持续完善旅游服务质量评价体系。（住

房和城乡建设部、国家发展改革委、商务部、国家卫生健康委、市场监管总局、国家邮政局、文化和旅游部等按职责分工负责)

(十二) 提高生产流通服务专业化融合化水平

加大涉农金融服务供给,积极支持符合条件的农业企业上市融资。完善绿色金融标准体系。发展绿色直接融资,持续支持绿色债券发行。加强数字技术在普惠金融领域中的依法合规和标准化应用。推动物流网络化一体化发展,加快城市配送绿色货运、冷链物流发展,完善农村物流服务体系,推广标准化、集装化、单元化物流装载器具和包装基础模数。培育一批制造服务业新型产业服务平台或社会组织,鼓励其开展协同研发、资源共享和成果推广应用等活动。提升专利商标审查质量和效率,完善知识产权公共服务体系。(人民银行、银保监会、证监会、市场监管总局、国家发展改革委、商务部、交通运输部、农业农村部、供销合作总社、国家邮政局、工业和信息化部、国家知识产权局等按职责分工负责)

(十三) 提升社会服务效能

持续开展服务质量监督监测和结果通报。加强城乡社区服务体系建设,推进城市一刻钟便民生活圈建设,实施村级综合服务设施提升工程。推动康复辅助器具产业提质升级。健全高龄、失能(失智)老年人长期照护服务体系和相关标准,组织医养结合示范项目,开展社区医养结合能力提升行动,实施医养结合人才能力提升培训项目,提高医养结合服务质量和水平。建立健全托育服务政策法规体系和标准规范体系。按年度提出国家医疗质量安全改进目标,推动医疗服务质量持续改进。加强医疗美容综合监管执法。加强政务服务事项管理、集成化办理、便民热线运行、服务评估评价等标准的制定、实施和宣贯。督促水、电、气、暖等公用事业领域企业公开服务内容、服务流程、资费标准等信息。(市场监管总局、民政部、国家卫生健康委、国家医保局、住房和城乡建设部、国家能源局等按职责分工负责)

六、以质量变革创新推动质量持续提升

(十四) 强化科技创新对质量提升的引领作用

建立科技创新政策和质量政策紧密结合的工作机制,部署实施国家质量基础设施科技项目,加大科技研发计划对质量提升的支持力度,重点面向影响制约产业发展的质量短板问题开展质量关键共性技术研究。鼓励企业加大质量技术创新投入,发展智能制造、绿色制造和服务型制造。推动质量创新成果转化为标准和实现产业化应用。推动大数据、区块链、云计算等与质量管理融合发展,提升质量精准化控制和在线实时检测能力。(科技部、工业和信息化部、市场监管总局等按职责分工负责)

(十五) 推动产业链供应链质量联动提升

加强对产业链核心企业的激励引导,发挥中央企业、国有大中型企业主力军作用,培

育一批"专精特新"企业，着力解决产品性能和品质档次"卡脖子""瓶颈"问题。强化跨部门、跨领域协调推进，促进设计、材料、工艺、检测、应用等产业链上下游标准衔接。加强食品农产品追溯码、物品编码、统一社会信用代码推广应用。支持产业链"链长""链主"企业和"领航"企业将相关企业纳入共同的供应链和质量管理体系，实施质量技术联合攻关和质量一致性管控。（国家发展改革委、国务院国资委、工业和信息化部、市场监管总局、商务部等按职责分工负责）

（十六）提升质量基础设施服务效能

加强国家、区域、产业质量基础设施能力建设，综合运用计量、标准、合格评定等要素资源实施精准服务。加强国家标准全文公开系统建设，服务各类市场主体更加公平、便捷获得标准信息资源。深入推进"计量服务中小企业行""小微企业质量管理体系认证升级行动""质量技术帮扶提质强企行动"。大力开展质量基础设施"一站式"服务，鼓励和支持商会协会积极参与，强化对中小企业和民营企业的支持帮扶。加强技术性贸易措施研判应对和信息服务，引导企业加强合规管理，优化出口商品和服务质量。（市场监管总局、科技部、工业和信息化部、全国工商联、商务部、海关总署等按职责分工负责）

（十七）加强质量品牌建设

持续办好中国品牌日活动，加强中华老字号和商标品牌的培育和保护，实施地理标志保护工程，支持打造区域品牌。建立健全质量分级制度，促进品牌消费、品质消费。大力推进内外贸产品"同线同标同质"工程。加快农业品牌精品培育，推动在化妆品、服装、家纺、电子产品等消费品领域，石化化工、钢铁、有色金属、建材等原材料领域，以及家政、旅游、文化、休闲、检验检测认证等服务业领域培育一批高端品牌。培育托育服务、乳粉奶业、动画设计和制作等行业民族品牌。完善品牌价值评价标准体系，开展品牌价值评价。（国家发展改革委、商务部、广电总局、国家知识产权局、市场监管总局、农业农村部、供销合作总社、工业和信息化部、文化和旅游部等按职责分工负责）

（十八）提升劳动者质量素养

加强普通高等学校、职业院校质量相关学科专业和课程建设。发挥各级工会和团组织作用，开展劳动和技能竞赛、质量管理创新、质量改进提升等活动，提高员工质量意识和技能水平。完善技术技能人才培养培训工作体系，提高家政、养老、育幼等领域人才培养培训质量。（教育部、全国总工会、共青团中央、市场监管总局、人力资源和社会保障部等按职责分工负责）

七、强化实施保障

（十九）健全财政金融政策

各地区要将质量提升行动工作经费列入预算，鼓励企业加大对质量提升的资金投入，完善质量提升资金多元筹集和保障机制。企业质量提升活动中发生符合条件的研发费用支出，可按规定享受税前加计扣除政策。加强政府采购需求和履约验收管理，更好地实现政府采购优质优价。制定质量竞争型产业分类，加强质量统计监测。支持企业运用保险手段强化产品质量保障、服务承诺兑现和消费争议解决，鼓励企业积极投保平行进口车"三包"责任相关保险、工程质量保险。（财政部、人民银行、市场监管总局、税务总局、国家统计局、银保监会、住房和城乡建设部等按职责分工负责）

（二十）加强质量安全监管

完善质量安全风险监控机制，加快建设全国统一的产品质量安全风险监测平台，制定实施重点产品质量安全监管目录，推进信用风险分类管理。健全产品质量监督抽查联动机制，强化国家和地方之间统筹协同、互动互补。强化城乡结合部和农村市场、网络市场等重点领域质量安全监管，严厉打击质量违法行为。提升进出口商品质量安全风险预警和快速反应监管能力。健全完善省、市、县三级质量监管检测体系，加大支持保障力度，探索建立产品质量安全动态监管指挥调度体系，加强对基层监管部门的监督和指导。倡导行业协会、商会推进行业自律，鼓励新闻媒体和消费者组织等加强社会监督。（市场监管总局、农业农村部、国家粮食和物资储备局、公安部、海关总署、住房和城乡建设部、工业和信息化部、交通运输部、民政部等按职责分工负责）

（二十一）强化企业主体责任

全面落实企业及其负责人质量责任，引导企业建立健全质量管理和质量追溯体系，加强全员、全过程、全方位质量管理。推动企业对提供的产品和服务进行公开质量承诺，严格履行缺陷召回、质量担保责任和消费者权益保护等法定义务。鼓励企业设立首席质量官，深入实施企业标准"领跑者"制度和团体标准"领先者"行动，广泛开展对标达标质量提升专项行动。（市场监管总局、住房和城乡建设部、工业和信息化部、国务院国资委、全国工商联、教育部、全国总工会、共青团中央等按职责分工负责）

（二十二）发挥示范引领作用

推进质量强国标杆城市和质量品牌提升示范区建设。鼓励地方在产业集聚区创新激励举措，深入实施质量提升行动。进一步做好中国质量奖和各地政府质量奖评选表彰活动，建立先进质量管理经验长效宣传推广机制。强化政府质量工作考核和督查激励，加强新闻宣传和舆论引导，广泛开展群众性质量活动，营造人人关心、参与、推动质量提升的良好氛围。（市场监管总局、中央宣传部、广电总局、工业和信息化部等按职责分工负责）

各地区、各有关部门要加强组织领导，将提高产品、工程和服务质量作为建设质量强国、推动高质量发展的重要内容纳入重要议事日程，结合实际制定具体方案，完善配套政策措施，认真抓好贯彻落实。市场监管总局要会同有关部门加强统筹协调，将任务落实情况纳入政府质量工作考核和质量奖励、示范、督查激励等工作，确保各项任务落地见效。

市场监管总局、中央网信办、国家发展改革委、

科技部、工业和信息化部、民政部、

财政部、住房和城乡建设部、交通运输部、

农业农村部、商务部、文化和旅游部、

国家卫生健康委、人民银行、国务院国资委、

税务总局、银保监会、全国工商联

2022 年 11 月 1 日

12.6 食品相关产品质量安全监督管理暂行办法

（2022 年 10 月 8 日 国家市场监督管理总局令第 62 号公布 自 2023 年 3 月 1 日起施行）

第一章 总则

第一条 为了加强食品相关产品质量安全监督管理，保障公众身体健康和生命安全，根据《中华人民共和国食品安全法》《中华人民共和国产品质量法》等有关法律、法规，制定本办法。

第二条 在中华人民共和国境内生产、销售食品相关产品及其监督管理适用本办法。法律、法规、规章对食品相关产品质量安全监督管理另有规定的从其规定。

食品生产经营中使用食品相关产品的监督管理按照有关规定执行。

第三条 食品相关产品质量安全工作实行预防为主、风险管理、全程控制、社会共治，建立科学、严格的监督管理制度。

第四条 国家市场监督管理总局监督指导全国食品相关产品质量安全监督管理工作。

省级市场监督管理部门负责监督指导和组织本行政区域内食品相关产品质量安全监督管理工作。

市级及以下市场监督管理部门负责实施本行政区域内食品相关产品质量安全监督管理工作。

第二章 生产销售

第五条 生产者、销售者对其生产、销售的食品相关产品质量安全负责。

第六条 禁止生产、销售下列食品相关产品：

（一）使用不符合食品安全标准及相关公告的原辅料和添加剂，以及其他可能危害人体健康的物质生产的食品相关产品，或者超范围、超限量使用添加剂生产的食品相关产品；

（二）致病性微生物，农药残留、兽药残留、生物毒素、重金属等污染物质以及其他危害人体健康的物质含量和迁移量超过食品安全标准限量的食品相关产品；

（三）在食品相关产品中掺杂、掺假，以假充真，以次充好或者以不合格食品相关产品冒充合格食品相关产品；

（四）国家明令淘汰或者失效、变质的食品相关产品；

（五）伪造产地，伪造或者冒用他人厂名、厂址、质量标志的食品相关产品；

（六）其他不符合法律、法规、规章、食品安全标准及其他强制性规定的食品相关产品。

第七条　国家建立食品相关产品生产企业质量安全管理人员制度。食品相关产品生产者应当建立并落实食品相关产品质量安全责任制，配备与其企业规模、产品类别、风险等级、管理水平、安全状况等相适应的质量安全总监、质量安全员等质量安全管理人员，明确企业主要负责人、质量安全总监、质量安全员等不同层级管理人员的岗位职责。

企业主要负责人对食品相关产品质量安全工作全面负责，建立并落实质量安全主体责任的管理制度和长效机制。质量安全总监、质量安全员应当协助企业主要负责人做好食品相关产品质量安全管理工作。

第八条　在依法配备质量安全员的基础上，直接接触食品的包装材料等具有较高风险的食品相关产品生产者，应当配备质量安全总监。

食品相关产品质量安全总监和质量安全员具体管理要求，参照国家食品安全主体责任管理制度执行。

第九条　食品相关产品生产者应当建立并实施原辅料控制，生产、贮存、包装等生产关键环节控制，过程、出厂等检验控制，运输及交付控制等食品相关产品质量安全管理制度，保证生产全过程控制和所生产的食品相关产品符合食品安全标准及其他强制性规定的要求。

食品相关产品生产者应当制定食品相关产品质量安全事故处置方案，定期检查各项质量安全防范措施的落实情况，及时消除事故隐患。

第十条　食品相关产品生产者实施原辅料控制，应当包括采购、验收、贮存和使用等过程，形成并保存相关过程记录。

食品相关产品生产者应当对首次使用的原辅料、配方和生产工艺进行安全评估及验证，并保存相关记录。

第十一条　食品相关产品生产者应当通过自行检验，或者委托具备相应资质的检验机构对产品进行检验，形成并保存相应记录，检验合格后方可出厂或者销售。

食品相关产品生产者应当建立不合格产品管理制度，对检验结果不合格的产品进行相应处置。

第十二条　食品相关产品销售者应当建立并实施食品相关产品进货查验制度，验明供货者营业执照、相关许可证件、产品合格证明和产品标识，如实记录食品相关产品的名称、数量、进货日期以及供货者名称、地址、联系方式等内容，并保存相关凭证。

第十三条　本办法第十条、第十一条和第十二条要求形成的相关记录和凭证保存期限不得少于产品保质期，产品保质期不足二年的或者没有明确保质期的，保存期限不得少于二年。

第十四条　食品相关产品生产者应当建立食品相关产品质量安全追溯制度，保证从原辅料和添加剂采购到产品销售所有环节均可有效追溯。

鼓励食品相关产品生产者、销售者采用信息化手段采集、留存生产和销售信息，建立食品相关产品质量安全追溯体系。

第十五条　食品相关产品标识信息应当清晰、真实、准确，不得欺骗、误导消费者。标识信息应当标明下列事项：

（一）食品相关产品名称；

（二）生产者名称、地址、联系方式；

（三）生产日期和保质期（适用时）；

（四）执行标准；

（五）材质和类别；

（六）注意事项或者警示信息；

（七）法律、法规、规章、食品安全标准及其他强制性规定要求的应当标明的其他事项。

食品相关产品还应当按照有关标准要求在显著位置标注"食品接触用""食品包装用"等用语或者标志。

食品安全标准对食品相关产品标识信息另有其他要求的，从其规定。

第十六条　鼓励食品相关产品生产者将所生产的食品相关产品有关内容向社会公示。鼓励有条件的食品相关产品生产者以电子信息、追溯信息码等方式进行公示。

第十七条　食品相关产品需要召回的，按照国家召回管理的有关规定执行。

第十八条　鼓励食品相关产品生产者、销售者参加相关安全责任保险。

第三章　监督管理

第十九条　对直接接触食品的包装材料等具有较高风险的食品相关产品，按照国家有关工业产品生产许可证管理的规定实施生产许可。食品相关产品生产许可实行告知承诺审批和全覆盖例行检查。

省级市场监督管理部门负责组织实施本行政区域内食品相关产品生产许可和监督管理。根据需要，省级市场监督管理部门可以将食品相关产品生产许可委托下级市场监督管理部门实施。

第二十条　市场监督管理部门建立分层分级、精准防控、末端发力、终端见效工作机制，以"双随机、一公开"监管为主要方式，随机抽取检查对象，随机选派检查人员对食品相关产品生产者、销售者实施日常监督检查，及时向社会公开检查事项及检查结果。

市场监督管理部门实施日常监督检查主要包括书面审查和现场检查。必要时，可以邀请检验检测机构、科研院所等技术机构为日常监督检查提供技术支撑。

第二十一条　对食品相关产品生产者实施日常监督检查的事项包括：生产者资质、生产环境条件、设备设施管理、原辅料控制、生产关键环节控制、检验控制、运输及交付控制、标识信息、不合格品管理和产品召回、从业人员管理、信息记录和追溯、质量安全事故处置等情况。

第二十二条　对食品相关产品销售者实施日常监督检查的事项包括：销售者资质、进货查验结果、食品相关产品贮存、标识信息、质量安全事故处置等情况。

第二十三条　市场监督管理部门实施日常监督检查，可以要求食品相关产品生产者、销售者如实提供本办法第二十一条、第二十二条规定的相关材料。必要时，可以要求被检查单位作出说明或者提供补充材料。

日常监督检查发现食品相关产品可能存在质量安全问题的，市场监督管理部门可以组织技术机构对工艺控制参数、记录的数据参数或者食品相关产品进行抽样检验、测试、验证。

市场监督管理部门应当记录、汇总和分析食品相关产品日常监督检查信息。

第二十四条　市场监督管理部门对其他部门移送、上级交办、投诉、举报等途径和检验检测、风险监测等方式发现的食品相关产品质量安全问题线索，根据需要可以对食品相关产品生产者、销售者及其产品实施针对性监督检查。

第二十五条　县级以上地方市场监督管理部门对食品相关产品生产者、销售者进行监督检查时，有权采取下列措施：

（一）进入生产、销售场所实施现场检查；

（二）对生产、销售的食品相关产品进行抽样检验；

（三）查阅、复制有关合同、票据、账簿以及其他有关资料；

（四）查封、扣押有证据证明不符合食品安全标准或者有证据证明存在质量安全隐患以及用于违法生产经营的食品相关产品、工具、设备；

（五）查封违法从事食品相关产品生产经营活动的场所；

（六）法律法规规定的其他措施。

第二十六条　县级以上地方市场监督管理部门应当对监督检查中发现的问题，书面提出整改要求及期限。被检查企业应当按期整改，并将整改情况报告市场监督管理部门。

对监督检查中发现的违法行为，应当依法查处；不属于本部门职责或者超出监管范围的，应当及时移送有权处理的部门；涉嫌构成犯罪的，应当及时移送公安机关。

第二十七条　市场监督管理部门对可能危及人体健康和人身、财产安全的食品相关产品，影响国计民生以及消费者、有关组织反映有质量安全问题的食品相关产品，依据产品质量监督抽查有关规定进行监督抽查。法律、法规、规章对食品相关产品质量安全的监督抽查另有规定的，依照有关规定执行。

第二十八条　县级以上地方市场监督管理部门应当建立完善本行政区域内食品相关产品生产者名录数据库。鼓励运用信息化手段实现电子化管理。

县级以上地方市场监督管理部门可以根据食品相关产品质量安全风险监测、风险评估结果和质量安全状况等，结合企业信用风险分类结果，对食品相关产品生产者实施质量安全风险分级监督管理。

第二十九条　国家市场监督管理总局按照有关规定实施国家食品相关产品质量安全风险监测。省级市场监督管理部门按照本行政区域的食品相关产品质量安全风险监测方案，开展食品相关产品质量安全风险监测工作。风险监测结果表明可能存在质量安全隐患的，应当将相关信息通报同级卫生行政等部门。

承担食品相关产品质量安全风险监测工作的技术机构应当根据食品相关产品质量安全风险监测计划和监测方案开展监测工作，保证监测数据真实、准确，并按照要求报送监测数据和分析结果。

第三十条　国家市场监督管理总局按照国家有关规定向相关部门通报食品相关产品质量安全信息。

县级以上地方市场监督管理部门按照有关要求向上一级市场监督管理部门、同级相关部门通报食品相关产品质量安全信息。通报信息涉及其他地区的，应当及时向相关地区同级部门通报。

第三十一条　食品相关产品质量安全信息包括以下内容：

（一）食品相关产品生产许可、监督抽查、监督检查和风险监测中发现的食品相关产品质量安全信息；

（二）有关部门通报的，行业协会和消费者协会等组织、企业和消费者反映的食品相关产品质量安全信息；

（三）舆情反映的食品相关产品质量安全信息；

（四）其他与食品相关产品质量安全有关的信息。

第三十二条　市场监督管理部门对食品相关产品质量安全风险信息可以组织风险研判，进行食品相关产品质量安全状况综合分析，或者会同同级人民政府有关部门、行业组织、企业等共同研判。认为需要进行风险评估的，应当向同级卫生行政部门提出风险评估的建议。

第三十三条　市场监督管理部门实施食品相关产品生产许可、全覆盖例行检查、监督检查以及产品质量监督抽查中作出的行政处罚信息，依法记入国家企业信用信息公示系统，向社会公示。

第四章　法律责任

第三十四条　违反本办法规定，法律、法规对违法行为处罚已有规定的，依照其规定执行。

第三十五条　违反本办法第六条第一项规定，使用不符合食品安全标准及相关公告的原辅料和添加剂，以及其他可能危害人体健康的物质作为原辅料生产食品相关产品，或者超范围、超限量使用添加剂生产食品相关产品的，处十万元以下罚款；情节严重的，处二十万元以下罚款。

第三十六条　违反本办法规定，有下列情形之一的，责令限期改正；逾期不改或者改正后仍然不符合要求的，处三万元以下罚款；情节严重的，处五万元以下罚款：

（一）食品相关产品生产者未建立并实施本办法第九条第一款规定的食品相关产品质量安全管理制度的；

（二）食品相关产品生产者未按照本办法第九条第二款规定制定食品相关产品质量安全事故处置方案的；

（三）食品相关产品生产者未按照本办法第十条规定实施原辅料控制以及开展相关安全评估验证的；

（四）食品相关产品生产者未按照本办法第十一条第二款规定建立并实施不合格产品管理制度、对检验结果不合格的产品进行相应处置的；

（五）食品相关产品销售者未按照本办法第十二条建立并实施进货查验制度的。

第三十七条　市场监督管理部门工作人员，在食品相关产品质量安全监督管理工作中玩忽职守、滥用职权、徇私舞弊的，依法追究法律责任；涉嫌违纪违法的，移送纪检监察机关依纪依规依法给予党纪政务处分；涉嫌违法犯罪的，移送监察机关、司法机关依法处理。

第五章　附则

第三十八条　本办法所称食品相关产品，是指用于食品的包装材料、容器、洗涤剂、消毒剂和用于食品生产经营的工具、设备。其中，消毒剂的质量安全监督管理按照有关规定执行。

第三十九条　本办法自 2023 年 3 月 1 日起施行。

12.7　国务院关于加强数字政府建设的指导意见

国发〔2022〕14号

各省、自治区、直辖市人民政府，国务院各部委、各直属机构：

加强数字政府建设是适应新一轮科技革命和产业变革趋势、引领驱动数字经济发展和数字社会建设、营造良好数字生态、加快数字化发展的必然要求，是建设网络强国、数字中国的基础性和先导性工程，是创新政府治理理念和方式、形成数字治理新格局、推进国家治理体系和治理能力现代化的重要举措，对加快转变政府职能，建设法治政府、廉洁政府和服务型政府意义重大。为贯彻落实党中央、国务院关于加强数字政府建设的重大决策部署，现提出以下意见。

一、发展现状和总体要求

（一）发展现状

党的十八大以来，党中央、国务院从推进国家治理体系和治理能力现代化全局出发，准确把握全球数字化、网络化、智能化发展趋势和特点，围绕实施网络强国战略、大数据战略等作出了一系列重大部署。经过各方面共同努力，各级政府业务信息系统建设和应用成效显著，数据共享和开发利用取得积极进展，一体化政务服务和监管效能大幅提升，"最多跑一次""一网通办""一网统管""一网协同""接诉即办"等创新实践不断涌现，数字技术在新冠肺炎疫情防控中发挥重要支撑作用，数字治理成效不断显现，为迈入数字政府建设新阶段打下了坚实基础。但同时，数字政府建设仍存在一些突出问题，主要是顶层设计不足，体制机制不够健全，创新应用能力不强，数据壁垒依然存在，网络安全保障体系还有不少突出短板，干部队伍数字意识和数字素养有待提升，政府治理数字化水平与国家治理现代化要求还存在较大差距。

当前，我国已经开启全面建设社会主义现代化国家的新征程，推进国家治理体系和治理能力现代化、适应人民日益增长的美好生活需要，对数字政府建设提出了新的更高要求。要主动顺应经济社会数字化转型趋势，充分释放数字化发展红利，进一步加大力度，改革突破，创新发展，全面开创数字政府建设新局面。

（二）总体要求

1. 指导思想

高举中国特色社会主义伟大旗帜，坚持以习近平新时代中国特色社会主义思想为指导，全面贯彻党的十九大和十九届历次全会精神，深入贯彻习近平总书记关于网络强国的重要思想，认真落实党中央、国务院决策部署，立足新发展阶段，完整、准确、全面贯彻新发展理念，构建新发展格局，将数字技术广泛应用于政府管理服务，推进政府治理流程优化、模式创新和履职能力提升，构建数字化、智能化的政府运行新形态，充分发挥数字政府建设对数字经济、数字社会、数字生态的引领作用，促进经济社会高质量发展，不断增强人民群众获得感、幸福感、安全感，为推进国家治理体系和治理能力现代化提供有力支撑。

2. 基本原则

坚持党的全面领导。充分发挥党总揽全局、协调各方的领导核心作用，全面贯彻党中央、国务院重大决策部署，将坚持和加强党的全面领导贯穿数字政府建设各领域各环节，贯穿政府数字化改革和制度创新全过程，确保数字政府建设正确方向。

坚持以人民为中心。始终把满足人民对美好生活的向往作为数字政府建设的出发点和落脚点，着力破解企业和群众反映强烈的办事难、办事慢、办事繁问题，坚持数字普惠，消除"数字鸿沟"，让数字政府建设成果更多更公平惠及全体人民。

坚持改革引领。围绕经济社会发展迫切需要，着力强化改革思维，注重顶层设计和基层探索有机结合、技术创新和制度创新双轮驱动，以数字化改革助力政府职能转变，促进政府治理各方面改革创新，推动政府治理法治化与数字化深度融合。

坚持数据赋能。建立健全数据治理制度和标准体系，加强数据汇聚融合、共享开放和开发利用，促进数据依法有序流动，充分发挥数据的基础资源作用和创新引擎作用，提高政府决策科学化水平和管理服务效率，催生经济社会发展新动能。

坚持整体协同。强化系统观念，加强系统集成，全面提升数字政府集约化建设水平，统筹推进技术融合、业务融合、数据融合，提升跨层级、跨地域、跨系统、跨部门、跨业务的协同管理和服务水平，做好与相关领域改革和"十四五"规划的有效衔接、统筹推进，促进数字政府建设与数字经济、数字社会协调发展。

坚持安全可控。全面落实总体国家安全观，坚持促进发展和依法管理相统一、安全可控和开放创新并重，严格落实网络安全各项法律法规制度，全面构建制度、管理和技术衔接配套的安全防护体系，切实守住网络安全底线。

3. 主要目标

到 2025 年，与政府治理能力现代化相适应的数字政府顶层设计更加完善、统筹协调机制更加健全，政府数字化履职能力、安全保障、制度规则、数据资源、平台支撑等数字政府体系框架基本形成，政府履职数字化、智能化水平显著提升，政府决策科学化、社会治理精准化、公共服务高效化取得重要进展，数字政府建设在服务党和国家重大战略、促进经济社会高质量发展、建设人民满意的服务型政府等方面发挥重要作用。

到 2035 年，与国家治理体系和治理能力现代化相适应的数字政府体系框架更加成熟完备，整体协同、敏捷高效、智能精准、开放透明、公平普惠的数字政府基本建成，为基本实现社会主义现代化提供有力支撑。

二、构建协同高效的政府数字化履职能力体系

全面推进政府履职和政务运行数字化转型，统筹推进各行业各领域政务应用系统集约

建设、互联互通、协同联动，创新行政管理和服务方式，全面提升政府履职效能。

（一）强化经济运行大数据监测分析，提升经济调节能力

将数字技术广泛应用于宏观调控决策、经济社会发展分析、投资监督管理、财政预算管理、数字经济治理等方面，全面提升政府经济调节数字化水平。加强经济数据整合、汇聚、治理。全面构建经济治理基础数据库，加强对涉及国计民生关键数据的全链条全流程治理和应用，赋能传统产业转型升级和新兴产业高质量发展。运用大数据强化经济监测预警。加强覆盖经济运行全周期的统计监测和综合分析能力，强化经济趋势研判，助力跨周期政策设计，提高逆周期调节能力。提升经济政策精准性和协调性。充分发挥国家规划综合管理信息平台作用，强化经济运行动态感知，促进各领域经济政策有效衔接，持续提升经济调节政策的科学性、预见性和有效性。

（二）大力推行智慧监管，提升市场监管能力

充分运用数字技术支撑构建新型监管机制，加快建立全方位、多层次、立体化监管体系，实现事前事中事后全链条全领域监管，以有效监管维护公平竞争的市场秩序。以数字化手段提升监管精准化水平。加强监管事项清单数字化管理，运用多源数据为市场主体精准"画像"，强化风险研判与预测预警。加强"双随机、一公开"监管工作平台建设，根据企业信用实施差异化监管。加强重点领域的全主体、全品种、全链条数字化追溯监管。以一体化在线监管提升监管协同化水平。大力推行"互联网+监管"，构建全国一体化在线监管平台，推动监管数据和行政执法信息归集共享和有效利用，强化监管数据治理，推动跨地区、跨部门、跨层级协同监管，提升数字贸易跨境监管能力。以新型监管技术提升监管智能化水平。充分运用非现场、物联感知、掌上移动、穿透式等新型监管手段，弥补监管短板，提升监管效能。强化以网管网，加强平台经济等重点领域监管执法，全面提升对新技术、新产业、新业态、新模式的监管能力。

（三）积极推动数字化治理模式创新，提升社会管理能力

推动社会治理模式从单向管理转向双向互动、从线下转向线上线下融合，着力提升矛盾纠纷化解、社会治安防控、公共安全保障、基层社会治理等领域数字化治理能力。提升社会矛盾化解能力。坚持和发展新时代"枫桥经验"，提升网上行政复议、网上信访、网上调解、智慧法律援助等水平，促进矛盾纠纷源头预防和排查化解。推进社会治安防控体系智能化。加强"雪亮工程"和公安大数据平台建设，深化数字化手段在国家安全、社会稳定、打击犯罪、治安联动等方面的应用，提高预测预警预防各类风险的能力。推进智慧应急建设。优化完善应急指挥通信网络，全面提升应急监督管理、指挥救援、物资保障、社会动员的数字化、智能化水平。提高基层社会治理精准化水平。实施"互联网+基层治理"行动，构建新型基层管理服务平台，推进智慧社区建设，提升基层智慧治理能力。

（四）持续优化利企便民数字化服务，提升公共服务能力

持续优化全国一体化政务服务平台功能，全面提升公共服务数字化、智能化水平，不

断满足企业和群众多层次多样化服务需求。打造泛在可及的服务体系。充分发挥全国一体化政务服务平台"一网通办"枢纽作用，推动政务服务线上线下标准统一、全面融合、服务同质，构建全时在线、渠道多元、全国通办的一体化政务服务体系。提升智慧便捷的服务能力。推行政务服务事项集成化办理，推广"免申即享""民生直达"等服务方式，打造掌上办事服务新模式，提高主动服务、精准服务、协同服务、智慧服务能力。提供优质便利的涉企服务。以数字技术助推深化"证照分离"改革，探索"一业一证"等照后减证和简化审批新途径，推进涉企审批减环节、减材料、减时限、减费用。强化企业全生命周期服务，推动涉企审批一网通办、惠企政策精准推送、政策兑现直达直享。拓展公平普惠的民生服务。探索推进"多卡合一""多码合一"，推进基本公共服务数字化应用，积极打造多元参与、功能完备的数字化生活网络，提升普惠性、基础性、兜底性服务能力。围绕老年人、残疾人等特殊群体需求，完善线上线下服务渠道，推进信息无障碍建设，切实解决特殊群体在运用智能技术方面遇到的突出困难。

（五）强化动态感知和立体防控，提升生态环境保护能力

全面推动生态环境保护数字化转型，提升生态环境承载力、国土空间开发适宜性和资源利用科学性，更好支撑美丽中国建设。提升生态环保协同治理能力。建立一体化生态环境智能感知体系，打造生态环境综合管理信息化平台，强化大气、水、土壤、自然生态、核与辐射、气候变化等数据资源综合开发利用，推进重点流域区域协同治理。提高自然资源利用效率。构建精准感知、智慧管控的协同治理体系，完善自然资源三维立体"一张图"和国土空间基础信息平台，持续提升自然资源开发利用、国土空间规划实施、海洋资源保护利用、水资源管理调配水平。推动绿色低碳转型。加快构建碳排放智能监测和动态核算体系，推动形成集约节约、循环高效、普惠共享的绿色低碳发展新格局，服务保障碳达峰、碳中和目标顺利实现。

（六）加快推进数字机关建设，提升政务运行效能

提升辅助决策能力。建立健全大数据辅助科学决策机制，统筹推进决策信息资源系统建设，充分汇聚整合多源数据资源，拓展动态监测、统计分析、趋势研判、效果评估、风险防控等应用场景，全面提升政府决策科学化水平。提升行政执行能力。深化数字技术应用，创新行政执行方式，切实提高政府执行力。加快一体化协同办公体系建设，全面提升内部办公、机关事务管理等方面共性办公应用水平，推动机关内部服务事项线上集成化办理，不断提高机关运行效能。提升行政监督水平。以信息化平台固化行政权力事项运行流程，推动行政审批、行政执法、公共资源交易等全流程数字化运行、管理和监督，促进行政权力规范透明运行。优化完善"互联网+督查"机制，形成目标精准、讲求实效、穿透性强的新型督查模式，提升督查效能，保障政令畅通。

（七）推进公开平台智能集约发展，提升政务公开水平

优化政策信息数字化发布。完善政务公开信息化平台，建设分类分级、集中统一、共

享共用、动态更新的政策文件库。加快构建以网上发布为主、其他发布渠道为辅的政策发布新格局。优化政策智能推送服务，变"人找政策"为"政策找人"。顺应数字化发展趋势，完善政府信息公开保密审查制度，严格审查标准，消除安全隐患。发挥政务新媒体优势做好政策传播。积极构建政务新媒体矩阵体系，形成整体联动、同频共振的政策信息传播格局。适应不同类型新媒体平台传播特点，开发多样化政策解读产品。依托政务新媒体做好突发公共事件信息发布和政务舆情回应工作。紧贴群众需求畅通互动渠道。以政府网站集约化平台统一知识问答库为支撑，灵活开展政民互动，以数字化手段感知社会态势，辅助科学决策，及时回应群众关切。

三、构建数字政府全方位安全保障体系

全面强化数字政府安全管理责任，落实安全管理制度，加快关键核心技术攻关，加强关键信息基础设施安全保障，强化安全防护技术应用，切实筑牢数字政府建设安全防线。

（一）强化安全管理责任

各地区各部门按照职责分工，统筹做好数字政府建设安全和保密工作，落实主体责任和监督责任，构建全方位、多层级、一体化安全防护体系，形成跨地区、跨部门、跨层级的协同联动机制。建立数字政府安全评估、责任落实和重大事件处置机制，加强对参与政府信息化建设、运营企业的规范管理，确保政务系统和数据安全管理边界清晰、职责明确、责任落实。

（二）落实安全制度要求

建立健全数据分类分级保护、风险评估、检测认证等制度，加强数据全生命周期安全管理和技术防护。加大对涉及国家秘密、工作秘密、商业秘密、个人隐私和个人信息等数据的保护力度，完善相应问责机制，依法加强重要数据出境安全管理。加强关键信息基础设施安全保护和网络安全等级保护，建立健全网络安全、保密监测预警和密码应用安全性评估的机制，定期开展网络安全、保密和密码应用检查，提升数字政府领域关键信息基础设施保护水平。

（三）提升安全保障能力

建立健全动态监控、主动防御、协同响应的数字政府安全技术保障体系。充分运用主动监测、智能感知、威胁预测等安全技术，强化日常监测、通报预警、应急处置，拓展网络安全态势感知监测范围，加强大规模网络安全事件、网络泄密事件预警和发现能力。

（四）提高自主可控水平

加强自主创新，加快数字政府建设领域关键核心技术攻关，强化安全可靠技术和产品应用，切实提高自主可控水平。强化关键信息基础设施保护，落实运营者主体责任。开展对新技术新应用的安全评估，建立健全对算法的审核、运用、监督等管理制度和技术措施。

四、构建科学规范的数字政府建设制度规则体系

以数字化改革促进制度创新，保障数字政府建设和运行整体协同、智能高效、平稳有序，实现政府治理方式变革和治理能力提升。

（一）以数字化改革助力政府职能转变

推动政府履职更加协同高效。充分发挥数字技术创新变革优势，优化业务流程，创新协同方式，推动政府履职效能持续优化。坚持以优化政府职责体系引领政府数字化转型，以数字政府建设支撑加快转变政府职能，推进体制机制改革与数字技术应用深度融合，推动政府运行更加协同高效。健全完善与数字化发展相适应的政府职责体系，强化数字经济、数字社会、数字和网络空间等治理能力。助力优化营商环境。加快建设全国行政许可管理等信息系统，实现行政许可规范管理和高效办理，推动各类行政权力事项网上运行、动态管理。强化审管协同，打通审批和监管业务信息系统，形成事前事中事后一体化监管能力。充分发挥全国一体化政务服务平台作用，促进政务服务标准化、规范化、便利化水平持续提升。

（二）创新数字政府建设管理机制

明确运用新技术进行行政管理的制度规则，推进政府部门规范有序运用新技术手段赋能管理服务。推动技术部门参与业务运行全过程，鼓励和规范政产学研用等多方力量参与数字政府建设。健全完善政务信息化建设管理会商机制，推进建设管理模式创新，鼓励有条件的地方探索建立综合论证、联合审批、绿色通道等项目建设管理新模式。做好数字政府建设经费保障，统筹利用现有资金渠道，建立多渠道投入的资金保障机制。推动数字普惠，加大对欠发达地区数字政府建设的支持力度，加强对农村地区资金、技术、人才等方面的支持，扩大数字基础设施覆盖范围，优化数字公共产品供给，加快消除区域间"数字鸿沟"。依法加强审计监督，强化项目绩效评估，避免分散建设、重复建设，切实提高数字政府建设成效。

（三）完善法律法规制度

推动形成国家法律和党内法规相辅相成的格局，全面建设数字法治政府，依法依规推进技术应用、流程优化和制度创新，消除技术歧视，保障个人隐私，维护市场主体和人民群众利益。持续抓好现行法律法规贯彻落实，细化完善配套措施，确保相关规定落到实处、取得实效。推动及时修订和清理现行法律法规中与数字政府建设不相适应的条款，将经过实践检验行之有效的做法及时上升为制度规范，加快完善与数字政府建设相适应的法律法规框架体系。

（四）健全标准规范

推进数据开发利用、系统整合共享、共性办公应用、关键政务应用等标准制定，持续完善已有关键标准，推动构建多维标准规范体系。加大数字政府标准推广执行力度，建立

评估验证机制，提升应用水平，以标准化促进数字政府建设规范化。研究设立全国数字政府标准化技术组织，统筹推进数字政府标准化工作。

（五）开展试点示范

坚持加强党的领导和尊重人民首创精神相结合，坚持全面部署和试点带动相促进。立足服务党和国家工作大局，聚焦基础性和具有重大牵引作用的改革举措，探索开展综合性改革试点，为国家战略实施创造良好条件。围绕重点领域、关键环节、共性需求等有序开展试点示范，鼓励各地区各部门开展应用创新、服务创新和模式创新，实现"国家统筹、一地创新、各地复用"。科学把握时序、节奏和步骤，推动创新试点工作总体可控、走深走实。

五、构建开放共享的数据资源体系

加快推进全国一体化政务大数据体系建设，加强数据治理，依法依规促进数据高效共享和有序开发利用，充分释放数据要素价值，确保各类数据和个人信息安全。

（一）创新数据管理机制

强化政府部门数据管理职责，明确数据归集、共享、开放、应用、安全、存储、归档等责任，形成推动数据开放共享的高效运行机制。优化完善各类基础数据库、业务资源数据库和相关专题库，加快构建标准统一、布局合理、管理协同、安全可靠的全国一体化政务大数据体系。加强对政务数据、公共数据和社会数据的统筹管理，全面提升数据共享服务、资源汇聚、安全保障等一体化水平。加强数据治理和全生命周期质量管理，确保政务数据真实、准确、完整。建立健全数据质量管理机制，完善数据治理标准规范，制定数据分类分级标准，提升数据治理水平和管理能力。

（二）深化数据高效共享

充分发挥政务数据共享协调机制作用，提升数据共享统筹协调力度和服务管理水平。建立全国标准统一、动态管理的政务数据目录，实行"一数一源一标准"，实现数据资源清单化管理。充分发挥全国一体化政务服务平台的数据共享枢纽作用，持续提升国家数据共享交换平台支撑保障能力，实现政府信息系统与党委、人大、政协、法院、检察院等信息系统互联互通和数据按需共享。有序推进国务院部门垂直管理业务系统与地方数据平台、业务系统数据双向共享。以应用场景为牵引，建立健全政务数据供需对接机制，推动数据精准高效共享，大力提升数据共享的实效性。

（三）促进数据有序开发利用

编制公共数据开放目录及相关责任清单，构建统一规范、互联互通、安全可控的国家公共数据开放平台，分类分级开放公共数据，有序推动公共数据资源开发利用，提升各行业各领域运用公共数据推动经济社会发展的能力。推进社会数据"统采共用"，实现数据跨地区、跨部门、跨层级共享共用，提升数据资源使用效益。推进公共数据、社会数据融合应用，促进数据流通利用。

六、构建智能集约的平台支撑体系

强化安全可信的信息技术应用创新，充分利用现有政务信息平台，整合构建结构合理、智能集约的平台支撑体系，适度超前布局相关新型基础设施，全面夯实数字政府建设根基。

（一）强化政务云平台支撑能力

依托全国一体化政务大数据体系，统筹整合现有政务云资源，构建全国一体化政务云平台体系，实现政务云资源统筹建设、互联互通、集约共享。国务院各部门政务云纳入全国一体化政务云平台体系统筹管理。各地区按照省级统筹原则开展政务云建设，集约提供政务云服务。探索建立政务云资源统一调度机制，加强一体化政务云平台资源管理和调度。

（二）提升网络平台支撑能力

强化电子政务网络统筹建设管理，促进高效共建共享，降低建设运维成本。推动骨干网扩容升级，扩大互联网出口带宽，提升网络支撑能力。提高电子政务外网移动接入能力，强化电子政务外网服务功能，并不断向乡镇基层延伸，在安全可控的前提下按需向企事业单位拓展。统筹建立安全高效的跨网数据传输机制，有序推进非涉密业务专网向电子政务外网整合迁移，各地区各部门原则上不再新建业务专网。

（三）加强重点共性应用支撑能力

推进数字化共性应用集约建设。依托身份认证国家基础设施、国家人口基础信息库、国家法人单位信息资源库等认证资源，加快完善线上线下一体化统一身份认证体系。持续完善电子证照共享服务体系，推动电子证照扩大应用领域和全国互通互认。完善电子印章制发、管理和使用规范，健全全国统一的电子印章服务体系。深化电子文件资源开发利用，建设数字档案资源体系，提升电子文件（档案）管理和应用水平。发挥全国统一的财政电子票据政务服务平台作用，实现全国财政电子票据一站式查验，推动财政电子票据跨省报销。开展各级非税收入收缴相关平台建设，推动非税收入收缴电子化全覆盖。完善信用信息公共服务平台功能，提升信息查询和智能分析能力。推进地理信息协同共享，提升公共服务能力，更好发挥地理信息的基础性支撑作用。

七、以数字政府建设全面引领驱动数字化发展

围绕加快数字化发展、建设数字中国重大战略部署，持续增强数字政府效能，更好激发数字经济活力，优化数字社会环境，营造良好数字生态。

（一）助推数字经济发展

以数字政府建设为牵引，拓展经济发展新空间，培育经济发展新动能，提高数字经济治理体系和治理能力现代化水平。准确把握行业和企业发展需求，打造主动式、多层次创

新服务场景，精准匹配公共服务资源，提升社会服务数字化普惠水平，更好满足数字经济发展需要。完善数字经济治理体系，探索建立与数字经济持续健康发展相适应的治理方式，创新基于新技术手段的监管模式，把监管和治理贯穿创新、生产、经营、投资全过程。壮大数据服务产业，推动数字技术在数据汇聚、流通、交易中的应用，进一步释放数据红利。

（二）引领数字社会建设

推动数字技术和传统公共服务融合，着力普及数字设施、优化数字资源供给，推动数字化服务普惠应用。推进智慧城市建设，推动城市公共基础设施数字转型、智能升级、融合创新，构建城市数据资源体系，加快推进城市运行"一网统管"，探索城市信息模型、数字孪生等新技术运用，提升城市治理科学化、精细化、智能化水平。推进数字乡村建设，以数字化支撑现代乡村治理体系，加快补齐乡村信息基础设施短板，构建农业农村大数据体系，不断提高面向农业农村的综合信息服务水平。

（三）营造良好数字生态

建立健全数据要素市场规则，完善数据要素治理体系，加快建立数据资源产权等制度，强化数据资源全生命周期安全保护，推动数据跨境安全有序流动。完善数据产权交易机制，规范培育数据交易市场主体。规范数字经济发展，健全市场准入制度、公平竞争审查制度、公平竞争监管制度，营造规范有序的政策环境。不断夯实数字政府网络安全基础，加强对关键信息基础设施、重要数据的安全保护，提升全社会网络安全水平，为数字化发展营造安全可靠环境。积极参与数字化发展国际规则制定，促进跨境信息共享和数字技术合作。

八、加强党对数字政府建设工作的领导

以习近平总书记关于网络强国的重要思想为引领，始终把党的全面领导作为加强数字政府建设、提高政府管理服务能力、推进国家治理体系和治理能力现代化的根本保证，坚持正确政治方向，把党的政治优势、组织优势转化为数字政府建设的强大动力和坚强保障，确保数字政府建设重大决策部署贯彻落实。

（一）加强组织领导

加强党中央对数字政府建设工作的集中统一领导。各级党委要切实履行领导责任，及时研究解决影响数字政府建设重大问题。各级政府要在党委统一领导下，履行数字政府建设主体责任，谋划落实好数字政府建设各项任务，主动向党委报告数字政府建设推进中的重大问题。各级政府及有关职能部门要履职尽责，将数字政府建设工作纳入重要议事日程，结合实际抓好组织实施。

（二）健全推进机制

成立数字政府建设工作领导小组，统筹指导协调数字政府建设，由国务院领导同志任

组长，办公室设在国务院办公厅，具体负责组织推进落实。各地区各部门要建立健全数字政府建设领导协调机制，强化统筹规划，明确职责分工，抓好督促落实，保障数字政府建设有序推进。发挥我国社会主义制度集中力量办大事的政治优势，建立健全全国一盘棋的统筹推进机制，最大程度凝聚发展合力，更好服务党和国家重大战略，更好服务经济社会发展大局。

（三）提升数字素养

着眼推动建设学习型政党、学习大国，搭建数字化终身学习教育平台，构建全民数字素养和技能培育体系。把提高领导干部数字治理能力作为各级党校（行政学院）的重要教学培训内容，持续提升干部队伍数字思维、数字技能和数字素养，创新数字政府建设人才引进培养使用机制，建设一支讲政治、懂业务、精技术的复合型干部队伍。深入研究数字政府建设中的全局性、战略性、前瞻性问题，推进实践基础上的理论创新。成立数字政府建设专家委员会，引导高校和科研机构设置数字政府相关专业，加快形成系统完备的数字政府建设理论体系。

（四）强化考核评估

在各级党委领导下，建立常态化考核机制，将数字政府建设工作作为政府绩效考核的重要内容，考核结果作为领导班子和有关领导干部综合考核评价的重要参考。建立完善数字政府建设评估指标体系，树立正确评估导向，重点分析和考核统筹管理、项目建设、数据共享开放、安全保障、应用成效等方面情况，确保评价结果的科学性和客观性。加强跟踪分析和督促指导，重大事项及时向党中央、国务院请示报告，促进数字政府建设持续健康发展。

国务院

2022 年 6 月 6 日

（此文件公开发布）